그날을 말하다

동거차도 주민 I

그날을 말하다

동거차도 주민 I

4·16기억저장소 기획 편집
(사) 4·16세월호참사가족협의회 지원 협조

일러두기

1. 음절로 식별 가능한 소리를 들리는 대로 전사하는 것을 원칙으로 한다.

2. 의미를 파악하기 위해 추가 설명이 필요할 경우 [ ]로 표시한다.

3. 몸짓, 어조 등 비언어적 행위는 ( )로 표시한다.

4. 구술자가 말을 잇지 못해 말줄임표를 사용하는 경우 ……, …로 길고 짧음을 표시한다.

5. 비공개 영역은 〈비공개〉로 표시한다.

6. 비공개해야 하는 희생자 형제자매의 이름은 ○○, △△ 등의 도형기호로, 생존자의 이름은 A, B, C 등 알파
   벳 대문자로 표시한다.

7. 비공개해야 하는 제3자는 직분이나 소속, 성만 공개하고, 이름은 ××로 표시한다. 비공개해야 하는 숫자는
   자릿수에 상관없이 □로 표시하며, 지명은 □□로 표시한다.

책머리에

　4·16기억저장소에서는 세월호 참사 5주기를 맞아 구술증언 수
집 사업의 결과물 일부를 100권의 책으로 발간하게 되었습니다.
이 사업은 2015년 6월부터 다양한 학문 분야 구술 연구자들의 자
발적인 참여로 진행되어 왔으며, 세월호 참사를 좀 더 정확하고 다
각적으로 기록하고 기억하고자 하는 노력의 일환으로 수행되었습
니다.

　2014년 참사 발생 이후, 참사 피해자들의 목격담과 경험은 안타
깝게도 공식적인 국가기관과 언론의 기록 속에서 철저히 소외되거
나 왜곡되었습니다. 그것은 세월호 참사가 우리에게 안긴 죽음과
고통의 충격만큼이나 우리 사회의 끔찍한 비극이었습니다. 따라서
사업을 진행하면서 세월호 참사 희생자 가족, 생존자, 생존자 가족,
어민, 잠수사, 활동가, 기자 등등, 참사의 초기 과정을 직접 경험한
분들의 증언을 우선적으로 수집했습니다. 구술자는 이 사업의 취

지와 방식에 개인적으로 동의한 분 중에서 선정했으며, 참여 과정에 어떠한 금전적 보상이나 이익이 제공되지 않았습니다. 또한 구술증언 수집 사업을 진행하는 동안, 면담자는 연구자이자 참사를 겪은 공동체 시민으로서 최대한 윤리적이고자 노력했습니다.

구술자마다 매회 약 2시간씩 3회를 원칙으로 음성 녹취와 영상 촬영을 하는 방식으로 진행되었고, 증언의 일관성을 확보하기 위해 면담자는 큰 틀에서 공통 질문지를 사용했습니다. 공통 질문지의 내용은 참사와 구술자 간의 관계성에 따라 차이가 있지만, 유가족 구술의 경우 1회차 '참사 이전의 삶, 팽목항과 진도에서의 경험, 자녀에 대한 기억'을, 2회차 '참사 이후 투쟁과 공동체 활동 경험'을, 3회차 '참사 이후 개인 및 가족이 경험한 삶의 변화와 깨달음, 자녀의 현재적 의미'를 중심으로 했습니다. 이처럼 증언 내용은 참사 이전에서 시작해 참사 발생 당시의 경험과 이후의 변화 과정까지 폭넓게 수집했고, 면담자는 구술 채록 과정에서 구술자의 발화를 최대한 존중하고자 했으며, 무엇보다 각자의 특수한 경험과 다른 시각을 충실히 반영하고자 했습니다.

이 구술증언록의 발간을 위해, 채록된 음성 자료는 문서로 변환해 구술자와 함께 검토했고, 현재 시점에서 공개할 수 있는 영역과 할 수 없는 영역으로 구별했습니다. 따라서 책에 실린 내용은 모두 구술자로부터 공개를 허락받은 부분입니다. 비공개 영역은 추후 구술자의 동의를 받아 적절한 절차를 거쳐 추가로 공개될 수 있으리라 생각합니다.

이 구술증언록 100권에는 그동안 우리 사회에 왜곡되어 알려지거나 잘 알려지지 않았던, 참사 발생 직후 팽목항과 진도 혹은 바다에서의 초기 상황에 관한 중요한 증언이 포함되어 있습니다. 또한, 자녀를 잃는 잔인하고 애통한 상황을 겪으면서도 그 누구보다 강인한 정치적 주체로 성장할 수밖에 없었던 유가족의 마음과 경험을 구체적으로, 그리고 여러 각도에서 살펴볼 수 있습니다. 그 외에도, 이 구술증언록은 2014년을 전후한 한국 사회의 여러 측면을 드러내는 귀중한 자료가 되리라고 생각합니다. 무엇보다 국내외의 많은 분이 이 책을 읽어, 장차 세월호 참사의 진상 규명과 역사 서술에 기여할 수 있기를 바랍니다.

구술증언 수집 사업이 진행되고, 책으로 출간되기까지 많은 분의 도움과 지지가 있었습니다. 이 지면을 빌려 부족하나마 감사의 말씀을 전하고자 합니다.

먼저 (사)4·16세월호참사가족협의회와 4·16기억저장소에 감사를 드립니다. 이분들의 신뢰와 적극적인 협조가 없었다면, 이 사업은 처음부터 시작할 수조차 없었을 것입니다. 또한 어려운 정치 환경 속에서도 사업의 취지에 공감해 재정 지원을 결정해 준 아름다운가게와 역사문제연구소에 감사드립니다. 두 단체 덕분에, 이 사업을 4년 동안 계속해 올 수 있었습니다. 그리고 구술증언록 100권의 발간에 동의하고, 바쁜 일정에도 출판 실무를 기꺼이 맡아주신 한울엠플러스(주)에도 감사를 드립니다. 이 외에도 많은 개인과 단체가 직간접적으로 많은 도움을 주시고 격려해 주셨습니다. 여기에 모두 밝히지 못하는 것을 죄송하게 생각합니다.

　말할 필요도 없이, 가장 크고 또 가슴 아픈 감사는 구술자 한 분 한 분께 드리고자 합니다. 이 책이 발간될 수 있었던 것은, 무엇보다 용기를 내어 아픔과 고통의 기억을 다시 떠올리고 장시간 진심으로 이야기를 해주신 구술자가 있었기 때문입니다. 오랜 시간 이야기를 나누며 함께 공감하기도 했지만, 그 아픔과 고통을 어떻게 가늠할 수 있을까 싶습니다. 더 큰 도움이 되지 못함을 안타까워하며, 이 구술증언록 100권의 발간이 피해자분들에게 조금이라도 위로가 될 수 있기를 기원합니다.

2019년 4월

4·16기억저장소 구술팀 책임자
서울대학교 인류학과 교수 이현정

차례

■ 동거차도 주민 김수배 ■

■ 동거차도 주민 김창관 ■

■ 동거차도 주민 소명영 ■

■ 동거차도 주민 여남수 ■

■ 동거차도 주민 여원석 ■

동거차도 주민 제1권

구술자 김수배는 오랫동안 동거차도의 어촌계장이었으며, 구술자 소명영은 현재 어촌계장이다. 구술자 여남수와 여원석은 부자지간으로, 아들은 아버지의 미역 양식장 일을 돕기 위해 동거차도로 돌아왔다. 구술자 김창관은 지병으로 은퇴 후 고향인 동거차도로 돌아왔다. 미역 양식이 주된 생업인 동거차도 주민들은 세월호 참사 당시 발생한 기름유출로 인해 많은 피해를 입었지만 제대로 된 보상을 받지 못했다. 참사 당시 수색 작업에 적극 참여했던 동거차도 주민들은 인양 과정을 감시하기 위해 동거차도에 머무른 유가족들과 2년여 시간을 함께 보내기도 했다. 세월호 인양의 성공과 2차 기름유출 피해가 겹친 시점에서 진행된 구술 면담 동안 동거차도 주민들은 그들의 복잡한 심경을 담담히 풀어낸다.

김수배의 구술 면담은 2017년 3월 26일 총 1시간 동안 진행되었으며, 면담자는 이봉규, 촬영자는 이민이었다. 소명영의 구술 면담은 2017년 3월 26일 총 40분 동안 진행되었으며, 면담자는 김익한, 촬영자는 이민이었다. 김창관·여남수·여원석의 구술 면담은 2017년 3월 25일 총 50분, 40분, 42분 동안 진행되었으며, 면담자는 장원아, 촬영자는 강재성이었다.

구술자 본인들의 프라이버시나 제3자의 프라이버시를 보호해야 할 부분을 제외하고는 구술자들의 발화를 있는 그대로 전사했다.

동거차도 주민 김수배

2017년 3월 26일

1
시작 인사말

면담자　　본 구술증언은 4·16 사건에 대한 참여자들의 경험과 기억을 기록으로 남김으로써 이후 진상 규명 및 역사 기술에 기여하고자 합니다. 지금부터 김수배 씨의 증언을 시작하겠습니다. 오늘은 2017년 3월 26일이며, 장소는 동거차도 김수배 씨 자택입니다. 면담자는 이봉규이며, 촬영자는 이민입니다.

2
동거차도에서 선대로부터의 삶과 가족 그리고 섬 내의 주요 성씨

면담자　　아버님께서 동거차도에서 나고 자라셨다고 얘길 들었어요. (김수배 : 예) 그럼 선대 언제부터 동거차도에 사시게 된 건가요?

김수배　　우리 선조로 해서, 4대조 이후부터.

면담자　　4대조 때부터면 거의 일제강점기보다도 더 이전 시기네요?

김수배　　그렇죠. 우리 조상들이 산 것은 인자 묘가 있고, 그래서 지금 우리가 성묘를 하고 그래요.

면담자　　4대조 위에 분들 성묘는 안 하시겠지만 그래도 묘는 여기 있겠네요? (김수배 : 예) 그러시군요. 그럼 아버님의 아버님은 어떻게….

김수배	아버님도⋯ 인자 돌아가셨어. 그래 가지고 묘가 여가 있죠, 다.
면담자	아버님은 배를 타신 건가요?
김수배	예, 옛날에 배를 인자 탔다고 봐야죠.
면담자	아버님께서도?
김수배	예. 제가 3살 때 돌아가셔 버렸어.
면담자	아이고, 일찍 돌아가셨네요.
김수배	예, 그래서 아버지 얼굴을 몰라. 사진도 없었고, 그때만 해도. 옛날에는 도민 사진이라고 있었는데, 그때만 해도 그런 것을 남겨놓은 것이 없어요.
면담자	상당히 일찍 돌아가셨네요.
김수배	예. 그래서 저로서는 인자 독자죠. 그러는데 전이[전혀] 그 아버지 얼굴을 상상을 못 해.
면담자	독자시라고요? (김수배 : 예) 그러면 아버님은 형제자매가 어떻게 되십니까?
김수배	사촌들 있죠, 사촌들.
면담자	사촌들만 있고, 아버님한테서는 딱 외동아들이신 거네요?
김수배	예, 누나 한 분하고.

면담자   누나 한 분이 계시고요. 그럼 아버님께서는 이른 연
세에 돌아가시게 된 셈인데, 혹시 어떻게 돌아가셨는지 기억하시
나요?

김수배   아버지가 돌아가셨을 때요? 이 칠산[전남 영광 앞바다]
이라고 인자 저, 조기 잡으러를 갔었다가 몸이 불편해 가지고 배로
오다가…. 그때만 해도 참 옛날이기 따[때]문에 병이 나믄은 어디 가
서 병원에 입원해 가지고 치료를 받아야 되는데. (면담자 : 그러시질
못했군요) 예. 칠산이라고 요, 저 어디 전라남도 안 있습니까? 거기로
이 풍선[돛단배]을 타고 인자 조기잡이를 갔다가 몸이 불편해 가지고,
상고선이라고 이 고기를 받는 배가 있어요. 그 배로 오시다가 세상
그만 간, 운명해 버린 것입니다.

면담자   갑자기 몸이 안 좋아지셔서 가지고요?

김수배   예. 배가 아파서 인자 몸이 아프니까 싣고 오는 길에…
세상 떴죠.

면담자   그럼 어머님께서 아버님 키우시느라 굉장히 고생을
많이 하셨을 것 같습니다. (김수배 : 그렇죠) 그때면 어머님은 아버
님을 어떻게 기르셨다고 하시던가요?

김수배   그러는데 우리 어머니가 어쩌게 됐나 하면은 바로 아
버지한테로 시집을 온 것이 아니고, 출가를 한 번 갔다가, 나중에 우
리 아버지가. 이런 말을 해도 되는가 모르는데, 아버지가 여자를…
어머니가 다섯 번째야.

면담자	예. 옛날엔 그런 일들이 더러 있었으니까요.
김수배	예. 그래서 저를 낳았다고 그래요.

면담자　아, 그런 거군요. 알겠습니다. 여기 동거차도에 어떤 성씨들이 있습니까?

김수배　예. 여기가 김씨, 박씨, 차씨, 조씨… 조금, 최씨도 있고.

면담자　그럼 아버님 어릴 때부터 이렇게 성씨 분들이 많이 모여 계셨나요?

김수배　예, 있었어요. 저 알기에는 전부가 최씨, 저 성씨들은 다 여서 살았어요.

면담자　얘기 들어보니까 "옛날에는 조씨 분들이랑 차씨 분들이 좀 많았다"고 하던데요. 그런 기억은 안 나시나요?

김수배　아, 조씨. 조씨도 많았었죠.

면담자　조씨가 확실히 많기는 많았어요? (김수배 : 예) 그랬군요. 그럼 아버님께서는 친척분들하고 여기 인근에 동거차도에서 많이 지내셨을 것 같은데요.

김수배　아, 우리들 사촌들만 여가 많이 있었어.

면담자　지금은 어떤가요?

김수배　지금은 전부 인자 돌아가시고. 목포 가 있고, 한 분.

면담자　목포에 가 계시고요. (김수배 : 응) 집안 분들은 현재 동거차도에 계시는 거고요?

김수배   인자, 우리 조카들은 여기 한 분 있어요.

3
과거 멸치잡이를 통한 경제생활

면담자   예, 알겠습니다. 동거차도에서 오랫동안 살아오셨는
데, 지내시기에 좋았다거나 혹은 안 좋은 점이 있었다든지 이런 것
들을 편하게 얘기해 주실 수 있을까요?

김수배   아, 여기서 살아온 것이 상당히… 좀 막연했죠. 논도
한 마지기도 없는 마을이고, 바다에서 모든 생산을 내야 우리가 아
이들을, 자녀를 가르치고. 그 제가 인자 사업은 멸치잡이부터 시작
을 했어요.

면담자   멸치잡이. (김수배 : 예) 그 멸치잡이는 언제부터 하셨
나요? 그때 연세가?

김수배   제가요? (면담자 : 네) 한 서른? 어촌계장 하면서 시작
했어요, 제가. 그러니까 30대에부터 시작이 된 것이여, 예.

면담자   혹시 멸치잡이 전에는 어떤 일을 하셨습니까?

김수배   아, 첨에는, 그 전에는 저… 이 여객선 취급, 취급을
했어요. '종선질'이라고 이게 이제 종선을 한다는 것인데, 그 손님
을 실어 나르고, 이 [작은] 배에다가 싣고 가서 이렇게 이 여객선에

다가…, (면담자 : 모셔다드리는?) 응, 모셔다드리는 거. 그래 가지고 그 회사에서 내가 인자 1.5프로…, (면담자 : 일당으로?) 응. 받았던 거하고.

면담자   그렇게 해서 버시면 생활은 어떠셨어요?

김수배   그거 가지고도 상당히 어렵죠. 그래서 인자 이 멸치잡이를 시작한 것이죠.

면담자   생계가 그것 가지고는 좀 어려우셔서 (김수배 : 그렇죠) 멸치잡이를 시작하신 거군요.

김수배   예, 멸치잡이 하면서, 어촌계장 하면서 계속한 것이에요.

면담자   그 당시 어촌계장 하실 때면 아마 60년대일 것 같은데요, 그렇죠? (김수배 : 예) 주로 어촌계장으로서 하셨던 일이 어떤 일이셨어요?

김수배   아, 이 바다에서 우리가 어디, 무슨 계측을 해야 생산[량]을 올리겠다는 거, 그런 것부터가 시작되는 것이죠. 말하자면은 전복을 공동으로 [채취]한다든지. 또 어디하고 계약을 해가지고, 그때는 우리가 잠수가 하기가 어려우니까 그분들이 오셔가지고 잠수를 해서 1년에 얼마씩을 우리한테 계약적으로 해서 사기도 하고. 그렇게부터 해가지고 어촌계 자금을 만들고, 인자 이런 식으로 한 거죠.

면담자   그러니까 맨 처음에는 전복 채취를 하신 건가요?

김수배   예, 어촌계는 거그서부터 시작이 됐고. 어촌계 자금을 만들고, 거기에서 선착장도. 이런 배를 접안하기 좋게 선착장 만들라면은 군[청]에 가서 인자 제가… 군수님한테 "이래 해서 이렇습니다".

면담자   그런 것들은 다 직접 하셨어요?

김수배   그렇죠.

면담자   그럼 지금 있는 선착장을 그때 만든 건가요?

김수배   그렇죠. 여기 안에 거 전부 제가….

면담자   아, 그러셨어요?

김수배   어, 했어요. 저 밖에도 내가 "저 바깥쪽으로 [선착장을 확장]해 주십시오" 해서 저렇게 된 것입니다.

면담자   현재 동거차도 선착장을 보면 동거차도로 들어오는 배를 정박시키는 데가 한 군데가 있고, 거길 둘러서 안으로 들어가다 보면 어선들이 정박한 곳이 하나 더 있더군요.

김수배   예. 세 번 [지원을] 받아가지고 한 것입니다, 그것이. (면담자 : 세 번 받아서) 1차로 해준 것이 아니고, 1차에 한 20미터나, 50미터 이렇게밖에 안 줘요. 그러면 그때만 해도 우리 자체 자금이, "어촌계 자금이 있냐, 없냐?" 그런 것들 또 물어봐요, 저쪽에서. 그래서 거짓말도 좀 했죠. 배도 세 척이면 "일곱 척 있다", 인자 약간은 그런…. 거기에서 저와 면담을 군수님하고 할라 할 때 전에 나하고 약속을 했어요. (면담자 : 누구랑요?) 수협… 말하자면은 나하고 저… 뭐냐, 선착장 책임자들이. 이제 그 사업을 주는 책임자가 있어요. 그래서 배도 조금 불러서 말을 하고 이렇게.

면담자　　그럼 미리 약속을 해놓고선 그러신 거군요.

김수배　　에, "그렇게 해야 그 사업을 준다" 그거야. 그래 가지고 우리는 그때만 해도 돈이 뭐, 몰라요, 3만 원인가? 뭐 어느 정도 조금 있었어, 자금이 조금.

면담자　　그 자금은 전복 채취 등으로 만든 것인가요?

김수배　　그렇지. 인자 그런 것으로 해서 만들어놓은 거죠.

면담자　　그렇게 해서 공동 자금을 만들어둔 거군요?

김수배　　그렇지요, 그렇지요. 그래서 사업을 1차 받아가지고 하고, 또 그다음에 또 받고 해서 세 번 해서 지금 저게 마무리 지은 것이여. 그라고 더 이상은 못 나가잖아요, 인자 저 밖으로 그 삼발이 [테트라포드] 저 밖으로. 인자 그때는 배도 여러 척 되고 그래서 이제 좀 밖에다 [확장을] 해주라 해가지고.

면담자　　현재 동거차도 선착장 쪽의 모양은 아버님이 어촌계장일 때 하신 거네요?

김수배　　예, 거의 그렇죠, 삼발이 갖다 놓고. 그리고 모자란 것은 다음 분들이 했고, 다음 이장이 힘써서 한 것도 있고, 국가에서 해준 것은 그러는데. 거 위에 자리를 장소 잡는 일은 제가 했죠, 제일 처음 한 20미터 [구간] 제일 처음 시작한 것은. 그리고 제가 인자 이장 하면서 또 받기도 하고.

면담자 이장도 하셨군요? (김수배 : 예) 이장도 하고, 어촌계장은 오랫동안 하셨고요. (김수배 : 예) 어촌계장 하시면서 어떤 게 제일 힘드셨어요?

김수배 힘드는 것은 없고, 잘 따라주니까 주민들이. 제[가] 말을 하면은 "뭐, 그렇구나" 하고, 또 제가 뭐 숨긴 것 없고 그대로고. 그래서 여기가 그때에 참, 제가 뭐 자랑삼는 것은 아니고 진실의 일인데. 그 본도[진도군 조도]에서 행사가 있게 돼요. 그라믄은 거기 인자 우리 동거차 국민학교서도, 그때는 국민학교라 했단 말입니다. 그러면은 아이들을 그 행사를 인자 데리고 가죠. 그러면은 여기를 보고 부르는 이름 동거차인데, '돈거차'라 그랬어요. (면담자 : 돈거차?) 예. 왜 인자 그런 말을 들었냐 하면은, 우리 아이들이 인자 목포로 그런 연락을 해가지고 체육복을 전부 싹 입혀서 데리고 가니까 그런 말을 하는 것이었고. 그때만 해도 또 동거차에서 멸치 잡는 것이 조도면 중에 제일 생산을 많이 내는 [곳이] 동거차라 그랬어요, 처음에는. 그랬다가 지금에 와서는 인자 조금 못 하는 편이고. 통발이 지금 시작돼 가지고 다른 마을보단 뒤떨어져요, 여기가. (면담자 : 예전보다는?) 그렇죠. 우리들이 한 20년 전, 한 30년 전 그때하고는 [지금은] 좀 조도면 본도보다는 못해, 뒤떨어졌어.

면담자 그러면 멸치잡이 제일 많이 하셨던 그때가 한 [19]80년대인가요?

김수배 그렇죠, 80년대. 88년도 막 이럴 때가 제일, 그니까 90년, 80년 그때가….

면담자　　　80년대 전후가 멸치잡이로 해서 (김수배 : 그렇죠) 동거차도가 '돈거차도'로 불렸었던, (김수배 : 아, 그렇지요) 제일 좋았던 시기였네요?

김수배　　　그리고 또 그것이 진실인데, 제가 여기 학교[동거차 국민학교] 후원회장을 하는데.

면담자　　　지금은 안 하는 그 학교요?

김수배　　　예. 인자 폐교됐죠, 인자. 그러는데 사실은 후원회장이라 해가지고 저 자리를 아주 완전히… 그 후원회장들이 다 오지는 않아요. 그러는데 우리는 인자 [조도에서] 행사를 하니까 아이들까지 데리고 가야 된께 가고. 그러면은 나하고 장난할라고 하는 분들이 "아, 동거차서 오신 우리 회장님 요리 앉으십시오" 인자 이런 소리도 듣고서 살다 보니(웃음). (면담자 : 상석도 내주시고?) 예. 인자 그렇게도 살아왔다는 얘깁니다, 내가 한때. 그런데 지금에 와서는 조도 본도하고는[보다] 못해요.

면담자　　　그렇게 꺾이기 시작한 건 언제쯤이었던 걸로 기억하세요?

김수배　　　에… 뭣이 잘못돼 부렀냐믄, 여기가 지금… 감척해 불고. 열여덟 이가[사람이] 했거든요, 사업을.

면담자　　　그러니까 88년 그 당시에?

김수배　　　그렇죠, 그렇죠. (면담자 : 88년 당시에는) 멸치잡이가 그렇게 많이 인자 육성이 됐어. 그랬는데 그것을 그만 인자 전부 감척해라니까 감척해 불고, 줄어져 버렸잖아요, 지금 현재. 그러니까 줄어졌는데 몇 분이 지금 하냐 하면은 육 명이 하거든요.

면담자　　　그럼 지금은 배가 여섯 척인가요?

김수배　　　아니, 배는 많지만… 몇 척 더 있어요. 그러는데 멸치 잡이 하는 배는 여섯이밖에 안 돼여.

4
동거차도 내 성씨 집단의 규모

면담자　　　그렇군요. 그러면 당시 어촌계장 하실 때는 주민분들이 잘 도와주셨다고 했고, 여기 성씨 분들을 다섯 개 정도 얘기해 주셨잖아요. (김수배 : 예) 이제 어촌계장도 하시고 또 이장도 하셨으니까 각 집안들에 대해 잘 아실 것 같은데요. 옛날에는 어떠했는지 그런 얘기해 주실 수 있을까요?

김수배　　　옛날을, 인자 우리 선배님들을 말씀드리면은… 그 옛날에는 구장이라고 했어, 이장 보고 구장이라고. 그런 분들이 제일 처음에 제가 어렸을 때 한 분들이 뭐… 윤씨들도 구장을 하시고, 그 뒤로 또 박씨들도 이장 하시고, 그다음에 인자 우리 사촌 형이 김명함 씨라고 그분이 인자 오래 마을 일을 많이 보셨고. 그다음에 또 사촌 형 이금성 씨라고, 거기는 고모님 자제분인데 그분이 또 많이 하시고, 소장옥 씨가 또 그다음에 이장을 하시고. 인자 그 후로 우리가, 인자 젊은 분들이 인자 해왔죠. 그란데 우리가 지금은 나이가 많이 먹어버렸죠.

면담자　　　그러면 김씨, 박씨, 차씨, 조씨 집안들 중에 어느 집안
이 좀 더 많았을까요?

김수배　　　아, 조씨들이 많았죠. 조씨들이 제일 많고, 그다음에
김씨들, 그다음에 박씨. 다 비슷비슷해요.

면담자　　　조, 김, 박은 확실히 수가 많았고요?

김수배　　　예, 비슷비슷하고.

면담자　　　나머지는 비슷하고?

김수배　　　응, 그다음 인자 최씨가 조금 인자 적고.

면담자　　　그럼 그런 말씀하신 성씨들의 인원수는 언제쯤 시기
라고 보면 되겠습니까?

김수배　　　시기로 치면은, 연도 수는 지금 확실하게 인자… [모르
겠고,] 연도 수를 가르쳐주란 말씀이란 거요?

면담자　　　예, 그렇죠. 대략 언제쯤이었을까요?

김수배　　　아, 그분들이요? 한 70년도부터 인자 시작이 된 거죠.

면담자　　　그럼 한 1970년대부터 분위기가 이렇게 바뀌고 있
었다….

김수배　　　그렇죠. 그런 분위기라고 봐야죠, 예.

5
동거차도의 어업과 세월호 인양으로 인한 기름유출 피해

면담자　　좀 전에 동거차도에서 먹고살 게 제한되어 있다는 말씀을 해주셨어요.

김수배　　예. 여기서 전부가 인자 어떻게 되냐 하면은, 논도 없고 그래서 전부가 도시로 나가는 거 있죠. 여기서 사신 분들은 인자 사업을 조금 하고, 무슨 조그마한 어장이라도 하신 분들은 여그 남았었고, 전부 인자 출타해 불고 했다가 인자 사는 것이 지금 현재 살고 있는 사람들이에요. 우리가 여기에 살고 있죠. 지키고 있는 것이에요, 지금. 고향을 지켰다고 봐야죠, 우리가.

면담자　　요새는 미역을 많이 하지 않습니까? (김수배 : 그렇죠) 미역은 언제부터 많이 하기 시작했습니까?

김수배　　미역은 우리가, 제가 제일 먼저 시작을 했죠, 제가.

면담자　　미역을 동거차도에서 제일 먼저 시작하셨습니까? (김수배 : 예. 그렇죠) 미역은 몇 년도부터 시작하셨어요?

김수배　　한 80년도부터 시작했었어요.

면담자　　80년대도 아니고 80년?

김수배　　응, 80년도.

면담자　　80년도면 전두환이 처음 대통령 되던 때?

김수배   그렇죠, 예. 우리가 그때 시작을 해가지고 사업을 하다가 감척을 해분 거예요. 그래서 인자 조카들한테 그 자리를 넘겨줬죠.

면담자   아버님이 미역을 시작하시고 나서 다른 분들은 언제부터 미역을 본격적으로 많이 하시게 된 건가요?

김수배   감척을 할 때에는 기름값이 비싸 가지고 적자 운영이 됐어. 이렇게 별다른 생산이, 수입이 없으니까 인자 감척을 한 것이여. 국가에서 "감척할라면 하라" 하니까 감척을 하고. 인자 줄여분 것이죠, 말하자면. 그래 갖고 우리가 바통을 넘겨주고부터 미역값이 오르고, 단가가 오르고, 기름값도 어느 정도… (면담자 : 안정적으로?) 어, 그대로, 그대로 유지가 되고. 그래 가지고 [그때 시작한] 그분들이 인자 돈을 벌기 시작한 것이지, 우리 조카들이. 그 도웅이.

면담자   도웅이? 아, 지금 같이 사시는 조카분이요?

김수배   그래서 그때만 해도 내가 그 조카를… 이런 말도 해도 될란가 모르겠는데, 처음에 내가 다른 분 것을, 어장을 내가 돈을 빌려다가 사주었어. "어장 해라. 내가 해보니까 괜찮으니까 니 해라, 인자".

면담자   아버님 하시고 나서 도웅이란 조카분께?

김수배   응, 도웅이한테 넘겨줬죠. 그랬는데 그때는 빚으로 해가지고 돈도 한 푼도 없으니까, 내가 얼마 해주고 또 어디서 빚내서 인자 해가지고. 지금은 다 그것도 정리하고, 이 섬에서로 봐서는 목포에다 뭐 집도 지었고, 지금 신[新]건물 사놓고. 또 여기 집도 인자 짓고….

면담자　　　그 아까 2층짜리 그 집 말씀이시죠? (김수배 : 어) 그래가지고 윤택해지셨네요?

김수배　　　그렇죠, 그러니까 지금 어장 하고 있고.

면담자　　　어장은 몇 개 가지고 계세요?

김수배　　　어장, 그 낭장망이라고 이제 그 멸치잡이 하는 거, 그거는 네 개. 개수로는 네 갠데 이게 허가가 없어 가지고… 그것이 허가가 있어야 돼요. (면담자 : 원래는?) 그렇지. 멸치잡이라는 것은 그 하나밖에 없는데, 그것은 뭐 작년도부터 해서 지금 멸치잡이는 별로, 흉어예요, 흉어. 그럼 우리들은 멸치잡이로 해가지고 자녀들 다 대학교도 보내고 다 했어요.

면담자　　　그러셨군요. 아버님이 미역을 먼저 시작하시고, 그러면 조카분이 이 사업을 이어받으셔서….

김수배　　　어, 사업 이어가지고 지금 잘되고 있지요.

면담자　　　조카분이 그 사업 시작하셨을 때는 언제쯤이었습니까?

김수배　　　아, 지금 하고 있으니까 뭐 얼마 안 되죠, 내가 한 10년?

면담자　　　조카분이 시작한 지는?

김수배　　　내가, 우리가 그만두고 나서야 시작을 했거든.

면담자	그만두신 때가 언제였는데요?

김수배   그러니까 한 10년 돼가죠.

면담자   10년 정도요. 그럼 한 2007년쯤인가요? 그때 대통령이 어떤 분이었죠?

김수배   내가 60살 때 그만뒀으니까 한 15년, 15년 돼가네.

면담자   그러면 2000몇 년쯤? 월드컵 한 후인가요?

김수배   전.

면담자   전이에요?

김수배   아니, 후다.

면담자   월드컵 후?

김수배   응, 후.

면담자   (잠시 침묵) 요새 세월호 인양 때문에 동거차도가 시끌시끌한데요. 아버님은 어떠셨어요?

김수배   예. 인양 그 하는 데에 대해서 내가 '참 다행이다' 했죠. 그러나 그냥 갑자기 그 기름유출로 인자 지금 미역을 채취를 못하게 되어버렸죠. 그래서 걱정이 돼요. 저는… 이제 조카들이고 다 여기서 산 사람들은 다 형제간이나 다름없죠, 지금.

면담자   꼭 친척 간이 아니라고 해도 그렇죠.

김수배   그래도, 예. 다 뭐 친조카들같이 생각을 하고 다 그래요. 그러는데 좀 아쉬운 것이… 인자 그 우리 다 지금 그것만 보고 있거든요, 주민들이 전체가. (면담자 : 미역만?) 그렇죠. [미역 수확이] 이 시기 적에죠. 이제 말하자면은 집에 우리 부인도 일하러 다닐 거인데, 하루에 인자 5만 원씩 일당으로 주고 있거든요, 지금. 좀 여그가 너무 적어요. '형제간끼리 한다'는 식으로 해가지고 '일을 이렇게 도와준다'는 식으로 해서 그… 좀 일당은 적은 편이에요. 다른 마을에는 10만 원씩이나 이렇게 하는데, 여기는 약간 제일. 그래서 말썽이 좀 있고 그래요, 그런 것은 사실은.

면담자 그래도 뭐 가족분들 사이인데도 불구하고 말썽이 있나요?

김수배 아니, 그러니까 개중에 그런 사람 [있어요.] "너무 적지 않으냐?" 그라고 또 인자 다른 마을에 거 뭣이 있어 노니까, "조금 적다" 인자 이렇게 말은 들려요. 그러면은 "아휴, 서로 형제간끼리고 전부 이렇게 도와주는 식으로 하는데, 그것을 그런 사업이라도 하니깐… 그렇게 살자" 이제 이런 식으로 되고 있어요. 그라고 인자 저 채취를 안 해부니까, 말하자면은 여자분들이 300, 400만 원 이런 정도 1년의 그 수당이 딱 인자 그 일당이 나올 거인디… 전혀 안 되죠, 인자 말하자면. 인자 푹 쉬게 생겼어, 논단 말이여. 그런 것이 아쉽죠, 조금.

면담자 그럼 여기 계시는 분들을 보게 되면, 그러니까 아버님처럼 멸치잡이 배를 가지고 계시면서 멸치잡이에 나섰던 분도 계시고 또 어장도 가지고 계시는 분들도 있고. (김수배 : 그렇죠) 그렇지만

반면에 이제 거기서 그냥 일하시는 분들도 있잖아요? (김수배 : 예) 그 일하시는 분들은 일당이 좀 적어서 이런저런 문제가 생겨나지는 않았나요?

김수배　　아냐, 그런 정도[는 아니었고]….

면담자　　그런 일들이 옛날부터 좀 있었던 일이었어요?

김수배　　아, 그렇죠. 제가 어장 할 때에도 일당을 거서 매달 이렇게 주고 하거든요, 인자. 그라믄은 제가 할 때 어촌계장을 겸해서 하니까, 그런 건 회의를 부처가지고 '어쩔게 어쩔게 인자 하자' 해갖고 해온 것이었죠.

면담자　　그러면 그때도 '좀 너무 돈이 적다' 뭐 이런 얘기들이 나오고 그랬었나 봐요?

김수배　　아, 그렇죠. 그때에도… 뭐든 법은 없으니까 인자 '뭐 얼마쓱 내주라', '이렇게 주라'는 것이 없고, 형제간을 도와주는 이런 식으로 하다가, 차근차근 인자 '생산 총액수에서 매달 1.5프로, 15프로' 이제 그런 결정을 딱 회의를 해가지고 거기에서 인자 해온 것이죠.

면담자　　아버님이 멸치잡이 배와 어촌계장을 하시면서부터 수익을 나누는 거에 대해 이런저런 얘기가 나왔다는 말씀이신 거죠?

김수배　　그렇죠, 그렇죠. 인자 거기서부터 시작을, 그렇죠. 예, 예.

면담자　　그럴 때는 아버님이 '이렇게 나누었으면 좋겠다'라고 얘기를 하면 어떤 분들이 이렇게 반대를 한다거나 다른 의견도 있었나요?

김수배　　아, 그 저 반[대]··· 이렇게 "적다" 하고 했지. 그런 분들은 보통 사업을 안 하는 사람들이고. 거기에 일을 하러 다니는, 이제 인부라 봐야죠. 거기에서 인자 저한테 [제가] 어촌계장이기 때문에, 뭐 마을 주민이 나한테 부탁을 한 거죠. "이래서 어촌계장이 요렇게 했으면 어쩌겠냐?" 이런 식으로. 그러면은 인자 회의를 딱 갖죠. 그라믄 회의해 가지고 그거를 인자 모든 것을 [정했죠].

면담자　　아버님이 이렇게 손해 보실 때도 있고, 안 그러면 또···.

김수배　　저가 손해 본 것은··· (면담자 : 없었어요?) 아니, 업주니까 충분히 줄 수 있는 것을 했지. 뭐 회의한다 해갖고 뭐 많이 주기로는 안 하죠. 그러고 또 꼭 결정된 것이 아니라, 우리들은 사업도 좀 잘되고 해서 인자 그랬는가 몰라도 선원들이 우리 배를 타줄라고 했어요.

면담자　　아버님 배를 타기를 원했다고요? (김수배 : 예) 혹시 왜 그랬을까요?

김수배　　인자 노임을 조금··· 생각을 많이 해주니까.

면담자　　그런데 아버님이 또 너무 많이 주시면 혹시 다른 배들이 또···.

김수배　　아, 옆에 사람이, 다른 배 사람이 좀 싫어해. 그러는데 저는 어떻게 주냐 하면은 그대로 계산을 해주고, 인자 뭐 "시계나 하나 사라. 옷 하나 사 입어라" 그러면서 이제 [개]외로 많이씩 주니까 우리 배를 탈라하는 것이지, 또. 그러는데 그런 것은 아무 관계가 없잖아. 상대방의 그… 뭣이 없지, 지장이 없죠. 지장이 있은 일은 안되고, 또.

면담자   그냥 뭐 선물하듯이 이렇게 주시니까.

김수배   그렇죠.

면담자   아버님 배에서는 일 같이 나가고 할 때는 몇 명씩 타고 나가셨어요?

김수배   인자 저하고 해서 세 명. 그라니까 [남자] 두 명이 [배를 탔고,] 그라고 여자들이 다섯이나 너이나[넷이나]… 그 모든 저 멸치 작업, 그 말리고 뭣 하고 인자 다 모아가지고 하죠.

면담자   도웅이란 조카분도 미역 어장을 가지고 계세요, 아니면 멸치만 하시는 거에요?

김수배   멸치잡이하고 미역하고.

면담자   미역도 같이 하세요?

김수배   응. 내가 하던 어장 그대로 인자 그런 식으로 하고 있어요.

면담자   미역 어장은 어느 정도로 가지고 계세요? 아까는 멸치 어장만 얘기를 해주서서요.

김수배   미역만 해서도 한… 총생산은 한 1억 정도 올릴 겁니다, 1년에. (면담자 : 연 생산) 응. 연간, 모든 것이 인자.

면담자　　여기 주민분들도 어장을 많이 가지고 계실 거 아니에요? 이 정도면 주민분들 중에서는 어장을 제일 많이 가지고 계신 건가요?

김수배　　아니요. 하고 있는 분들 전부 비슷이 그렇게 생산을 올려요, 지금 여섯인데.

면담자　　아, 미역 어장을 가진 게 여섯 집인 거군요. (김수배 : 예예) 근데 이 집들 중에 누가 좀 많이 벌거나 하는 차이가 있나요?

김수배　　아니, 뭐 이렇게 차이가 많이 없어요.

면담자　　그러면 비슷하게 1억 내외로 버는군요.

김수배　　그렇죠. 뭐 1억이라 하면은 9000, 8000 뭐 이런 식으로 총계가 그렇게 했는데. 지금은 멸치잡이가, 지금 저 세월호 사고 나고부터는 멸치잡이를 정상적으로 그렇게 생산을 못 내고, 한 3년 그렇게…. 그제 그 회의를 했지만은 이것이 보상을 해준다는 것도 정상이 아니었고.

면담자　　어떤 점이 마음에 안 드셨어요?

김수배　　아니, 저는 인자 선주가 아닌디, 우리들은 맨손어업이라 해가지고, 이 [바닷가] 돌에서 길어[자라] 난 그 돌미역이라고 있어요. 그것만 우리가 보상을 받았어요, 우리가 200만 원씩. 그랬는데 우리가 판로를 정상적으로 해갖고 팔면은 300, 뭐 400[만 원씩] 이렇게 받았는데, 보상으로 해서 받는 것은 250씩 일단 받았어요.

면담자   200이라 하셨는데, 250만 원입니까?

김수배   예. 총 250을 거 뭣하고 해서 합쳐가지고 그렇게 받았어요. 그런데 우리들은 별 뭣이[문제가] 아닌디, 그 업주들이 보상의한 20프로밖에 못 받는 것이여. 말하자면은 생산에서 20프로.

면담자   그러니까 업주가 아니고 일반 분들은 250만 원씩 받았다고 치지만….

김수배   근데 그거는 인자 별 뭣이 없는데, 그러나 우리들도 거그서 조금 차이는 있지요. 그거는 인자 그렇더라도 그 사업자들이 하는 얘기는 "한 20프로밖에 못 받았다" 인자 이렇게 해가지고 이번에 나도 "회의에 한번 참석을 해주십쇼" 그래서 참석했는데….

면담자   아버님께서 오랫동안 어촌계 일도 하셔서 전반을 아시니까 의견을 여쭤보는 건가 보죠? (김수배 : 예) 여전히 마을에서 주요 회의하고 있으면 주로 나가서 참석하시나요?

김수배   아, 회의는 참석해야죠, 제가. 그라고 이장, 노인회장도 하고. 이 마을에서 그래도 제가 뭐 아는 것은 없어도 전부가 다 이렇게 나를 좋아해요, 전부.

면담자   이번에 세월호를 인양하면서 기름이 유출됐는데, 동시에 인양 때문에 이런저런 사람들이 섬 안에 많이 돌아다니고 했었는데요, 지금 저희도 와 있고 그렇지 않습니까? (김수배 : 예) 이런 걸 보니까 '좀 마음에 안 든다, 이런 게 좀 서운하다, 그렇게 하면 안 된다' 생각하신 거는 없으셨어요?

김수배　　　아… 객지 분들이, 그 오신 분들이요? 그거까지는 우리가 전부가 이해를 해야지요. 솔직히 조금 깊이 생각을 한다면 뭐 담배꽁초도 버려불고, 길에다 이렇게 한 것은 좀…. 우리가 인자 이장이 저번에 방송도 하고 그러데요. 그라는디, 그런 거조차 우리가 이해를 못 하면 안 되죠. 그럴 수도 있죠, 뭐. 담배 피다가 이렇게 바닥에다 이렇게 버려분 사람도 있어요. 있으나, 그런 것을 따지고 그러면 안 되고 인자 좋은 말로해서… 방송을 했어, 이장이. 그러나 참, 저도 이장을 해봐서 그러지만은 객지에서 오신 분들은 손님 아닙니까, 사실은. 그러니께 항시 마음을 그 세월호 문제로 인해서 오신 분들, 그 유가족들이나 [이런 분들하고] "따뜻하게 인사도 하고 서로 좋게 해라" 이런 말도 해본 적도 있고 그래요, 저도.

면담자　　　아버님은 세월호 감시초소 위에 올라가셔서 인사도 좀 나누시거나, 유가족분들이랑 관계를 맺으시거나 하신 적이 있으셨어요?

김수배　　　유가족을 특별히 찾아는 안 갔죠. 근데 저기 어디까지는 다녀오고 그랬어요, 저기… 안산.

면담자　　　안산을 다녀오셨어요? (김수배 : 예) 어떤 일로 다녀오셨어요?

김수배　　　거기 시장님이 초대해 갖고 갔어요, 저만 한 것이 아니라 마을의 몇 분. (면담자 : 어떤 연유로?) "세월호 문제로 고생들을 하셨다"고 해가지고… 여기 양 부락, 저기에 막금리라고 있어, 2구라고 그러는데. 그 마을 주민들 몇 분하고 한 20명 정도 갔다 왔죠.

그러니까 16명인가 되는데, 내 생각에. 16명 갔다 왔어요, 우리가.

6
참사 당시 상황에 대한 기억

면담자　　아버님, 2014년 4월 16일 그날 혹시 기억나세요?

김수배　　아, 그렇죠.

면담자　　그날 얘기 좀 해주십시오.

김수배　　그날 저희가 기름을, 우리 배로 쪼깐한 거 저 선외기가 있는데 기름을 실으러 갔단 말입니다. 조도로 기름 실으러 갔는데 나를 아는 수협 직원이 "아, 여객선이 침몰됐는데 아요[아세요]?" 그래. 근데 나도 일찍 가부렀거든요, 그러니까 사고는 7시 인자 그런 식이었는데, 나는 모르는 일이거든요. 그래 "뭔 여객선이 어디서 그랬냐?"고 그러고 물으니까 병풍도 안쪽으로 그랬다는 거예요, 동거차 근처에서. 그래서 인자 기름 싣고 오니까 [세월호 선체가] 벌써 조금밖에 안 남았데요, 가라앉아 부러서.

면담자　　그때는 아버님이 그 일반 여객선을 타고 가셨나요?

김수배　　아뇨, 우리 배로. (면담자 : 아버님 배로?) 예. 인자 그래서 바다에서 오는데, 라면 막 이런 것이 떠다녀요. 막 이제 과자나 이런 것이 내가 배를 타고 들어올 때. 그래서 바로 나갔죠, 그쪽으로.

면담자　　아버님께서 바로 배를 끌고 나가셨어요?

김수배   그렇죠, 제 배니까. 그래 갖고 가서 보니까 벌써 다 그냥 이… 구조할 뭣은 다 돼불고, 서거차[도]에다가 구조하신 분들을 갖다 모셔두고, 요쪽으로. 헬리콥터가 떠가지고 바로 인자 군인들이 한 200명이 그냥 여기다… (면담자 : 서거차도에?) 아니. 동거차에도. (면담자 : 동거차에도?) 응. 그래 갖고 거그를 이제 현장을 가니까 배가 윗부분만 조금 남았어요. 그래서 뭐 [내 배는] 쪼깐한 밴데 거서 구조도 다 이제 끝나부렀고… 그래 버렸다고. 나는 인자 좀 늦었다고 봐야죠. 그래 갖고 인자 여기로 들어오니까 군인들이 서거차로 갔는데, 서거차에서… (면담자 : 군인이요?) 그렇죠, 군인, 작전사[령부]. 그래 갖고 헬리콥터로 서거차에서 뭘 하는가 하니, "동거차로 이 군인들이 간다 한다"고. 뭐 못 오게 할 수도 없고… 이장이 나한테 왔더라고요. "이래서 이란데 어쩍할 꺼냐?"고. 아, 뭐 우리가 봐도 뭐 거기 작전사에서 하는 일인데, 뭘로 가든 "'우리가 못 받겠다' 그런 소리는 하지 말고 자기들 하는 대로 두라"고 그랬죠. 그래 여그 와버렀어. 그래 갖고 여그 저 폐교에서 전부 근무했죠, 작전사가.

면담자   그럼 그 군인들은 해군 소속인 거예요?

김수배   작전사. (면담자 : 작전사?) 어.

면담자   그럼 군에서 이제 (김수배 : 그렇지) 조난당한 분들을 여기 동거차도 분교에다 모셨었다, 이 얘기이신 거죠?

김수배   그렇죠. 그분들이 인자 이 선외기 타고 막 돌아다니고, 그 시신… 이제 떴는가 [확인]하고 그런 작업을 하고.

41

동거차도 주민 김수배

| 면담자 | 아버님께서는 그 작업을 하시지는 않았다는 거죠? |

김수배　아니, 인자 그거는 나댕겼죠. 작업은 했죠, 우리 배로. 내가 그때의 그 현장 그 시간에는 못 하고, 그 뒤로 인자 이 시신이 떴는 거 인자 바다로 돌아다니면서 인자 그런 [수색하는] 작업만 했죠, 나도. 그러니깐 며칠간 한지를 몰라, 그거는.

면담자　그러면 아버님께서 시신 수습을 직접 하신 적이 있으신 가요?

김수배　시신은 없어, 못 봤죠.

면담자　그럼 혹시 별도로 수습하신 건 있으셨어요?

김수배　별로 없이 그냥 끝나버렸어.

면담자　찾으러는 많이 다니셨네요?

김수배　응, 시신은 못 발견했어.

면담자　그랬군요. 그럼 사고 당일에는 아버님께서 동거차도에 기름을 놔두고 도로 배를 끌고 사고 현장으로 가신 거네요?

김수배　그렇죠. 기름을 여기다 퍼놓고. 1톤짜리 밴데, 쪼깐하니까.

면담자　그 도착하셨을 때는 몇 시쯤으로 기억하세요?

김수배　10시.

면담자　10시에 거기 도착하셨어요? (김수배 : 예) 거기 뭐 해경이나 아님 해군들이나….

김수배   아, 그 배들은 있었죠.

면담자   예. 그러니까 그 배들이 아버님을….

김수배   우리 배는 적어 가지고[크기가 작아서] 안 돼. 인자 거기 가서 못 하고.

면담자   해경이 아버님 배에게 '오지 마라' 이렇게 지시하던가요?

김수배   그런 거는 못 허지.

면담자   지시를 하지 않던가요?

김수배   아니, 인자 우리 배는 원체 적어, 톤수가.

면담자   그러면 뭐 오든 말든 신경을 안 쓰던가요?

김수배   안 써요. 그라고 다 자기 스스로가 다 자진해서 인자 가는 거이지요. 그리고 내가 여기에 지금도 일을 보고 있는데, 이 입출항 신고소장으로 있어요, 제가. (면담자 : 어디서?) 여기 동거차.

면담자   동거차도 입출항 신고소장을 하고 계신다고요?

김수배   예, 지금 하고 있어요.

면담자   그건 언제부터 하셨어요?

김수배   어촌계장 할 때부터… 그러니까 한 10년 넘었어요, 지금.

면담자	어촌계장은 27살 때 처음 하셨다고 하셨잖아요.

김수배   아, 그때는 그… 제일 처음의 어촌계장이고. 요 일은, 그 입출항 신고하는 문제는 나중에 내가 어촌계장을 할 때… 내가 일단 [어촌계장] 사표를 냈었어. 그래 가지고 다른 사람이 조금 하다가. 내가 또다시 이어서, "또 하라" 해서 또 했어요. 그땐데 제가 뭔 얘기를 했냐 하면은, 입출항 신고를 하는데 상당히 그 해경들이 와 가지고 뭔 얘기를 저한테 많이 하더라고요. 그래서 "요 마을에다가 이장이라든지, 어촌계장한테 그 입출항 신고소를 주면 되지 않느냐?" 그 말을 건의했더니, 인자 저를 선택을 하더라고. 그래 갖고 해 온 것이 다른 사람이 지금 어촌계장을 해도, 그것을 내가 저 교육을 받으러 댕겼거든요.

면담자   아, 그래서 입출항 신고소장은 계속하시는 거고요.

김수배   응, 그대로 가지고 있죠.

면담자   그 공식 명칭이 입출항 신고소장?

김수배   응. 이거는 인자 아침에 해경들 그 배… 저 만나러 왔더라고.

면담자   그러면 잠시 쉬다가 다시 어촌계장 하신 건 언제셨어요?

김수배   연도 수로는, 가만있어 봐… 한 15년 됐어요, 지금 제가 그 하는 것이.

면담자   다시 시작한 게 한 15년?

김수배   예, 15년. 지금 입출항 신고하는 것도.

면담자   그러면 다시 어촌계장을 시작하시면서 신고소장도 같이 하게 된 것인가요?

김수배   예. 제가 [어촌계장을] 27살부터 해가지고 한 16년을, 16년을 했었어, 그때. 그러다가….

면담자   그럼 정확하게는 20년이 아니고 16년을 하신 것이군요.

김수배   예예. 16년을 해가지고 거기에서 제가 인자 회의해서 "나 이제 오래 했으니까 다른 분이 한번 하라"고 그래 가지고 그만뒀어, 뒀다가 또 다른 사람이 했어. 그래 갖고 그분이 좀 인자 그만둔다 해서, 또.

면담자   그분은 왜 그만두셨어요?

김수배   그것이 뭐 수입이 없어요, 그건 뭐 수당이 없어요.

면담자   어촌계장이 수당이 없어요?

김수배   없어. 단지 그것은 활동비, 활동비가 쪼까씩 나와. 그럼 뭐 활동비가 나오는 것도 제 손에 들어오는 것이 아니고, 이 수협에 출자금으로 들어가 버려. 그러니까 누가 그런 것을 할라 [하나]…. 이것을 뭐 따문에 그것을 하냐 하면은, 마을의 발전을 위해서 하는 것이지, 그 어촌계장은 뭐 명예직이고 인자 그런 것이여. 다른 데 무슨 수입을 보고하는… [것은 아니고].

면담자   알겠습니다. 아까 전에도 잠깐 이야기해 주셨는데, 이번에 기름유출이나 인양 과정에서 아버님께서는 지금 어장을 가지고 계시진 않으니까 (김수배 : 예) 직접적으로 피해를 받으신 거는 없다고 봐야 되겠죠?

김수배   그렇죠. 인자 주민들이 다소 좀 손해는 좀 보고 있지요, 지금.

면담자   그렇다면 어떤 점에서 그럴까요?

김수배   우리가 지금 자연산 같은 것을 보상을 받는 것도… 많은 차이가 있죠. 그런 일[세월호 참사] 없이 우리가 직접 작업을 해가지고 생산을 했다면은 어찌 됐든지 더 돈이 많죠. 그런데 손해 보고 있죠.

7
외지인이 없는 동거차도, 과거의 번성기

면담자   동거차도에서 미역 양식은 아버님께서 거의 처음 시작했다고 하셨는데요. 그러고 나서 다른 사람들도 미역을 하기 시작하셨다고 얘기하셨죠?

김수배   예. 거서 서이가[세 명이] 인자 우리 동생, 사촌 동생하고 같이 인자 시작을, 먼저 시작을 해가지고. (면담자 : 세 명이서?) 예. 나하고 서이, 제일 처음에 시작한 것은 그렇게 시작을 해가지고 그 뒤에 또 다른 분이 더 하고. 그렇게 하다가 우리가 상당히 생산을 좀 내기도 하고 [그랬는데] 기름값이 팍 올라부니까 인자 그만둬 버렸죠, 인자. 그래 가지고 다른 분들이 인자 [하고 있죠].

면담자   아버님께서 미역을 시작하고 나서 기름값이 (김수배 : 예) 안정이 되고, 미역값도….

김수배   올르고, 거기서부터 인자 조금 수입이….

면담자   그때 수익을 많이 얻었던 분들이….

김수배   지금 하고 있는 분들이에요.

면담자   그러면 당시에 수익을 많이 얻었던 분들도 다 동거차도 분들이세요?

김수배   그렇죠, 전부. 타 부락 사람은 없어.

면담자   타 부락 사람이 없어요?

김수배   없어. 없고 전부 여기 동거차 출신.

면담자   여기 동거차 미역, 특히 돌미역은 비싸기도 하고 유명하잖아요? (김수배 : 그렇죠) 이런 점 때문에 동거차도에서 일하려고 외지에서 들어오셨던 분들은 없으셨나요?

김수배   없어요. (면담자 : 없어요?) 예. 그거는 없어요.

면담자   그러면 사업하시는 분들 말고도 동거차도에 새로 오셔서 사시게 된 분들은 있을 거 아니에요?

김수배   나갔다가요?

면담자   나갔다가 들어온 분들도 있을 거고, 혹시 아예 새로 들어오신 분들은 없어요?

김수배   없어요. 아니 없어, 없어.

면담자   1960년대부터도 없었나요?

김수배   없어, 그런 분. 출생지가 여기 있는 사람, 지금 살고 있는 분들은 전부 이 동거차 출신, 출생지야.

면담자   그렇군요. 그럼 외부에서 온 것도 아버님이 보셨을 때에는?

김수배   없었어요. (면담자 : 없었어요?) 없어.

면담자   이 섬은 그러면 거의 토착민들이 사시는 거네요?

김수배   예, 그렇지요.

면담자   자녀들은 좀 밖으로 나간다고 하셨고요.

김수배   예. 그래 인구가 많이 줄어져 버렸잖아요. 집도 많이… 이거 가옥도 많이 폐쇄, 폐교[가]….

면담자   가옥이 많을 때는 전부 몇 세대였나요?

김수배   그때가 제일 많을 때가… 세대수로 해서 93세대까지 있었어요.

면담자   2구도 합해서요?

김수배   아니요. (면담자 : 1구만?) 여기만 해서. 어떻게 됐나

하면 자기 자녀가 결혼을 하면은 [다른 집에] 방이, 작은 방이 안 있습니까? 거기 비워진 방이 있으면 그쪽으로 이사를 가는 거예요. 거가서 사는 것이여, 남의 집 가서. 그렇게 해서 전부가 사는 사람을 채울 때, 왜 제가 확실히 아냐 하면은 우리 사촌 형님이 이장을 했을 때 나가 군대를 갔다 와서 그런 거를 일을 보시는 것을 내가 같이 이렇게….

면담자   그래서 어땠는지 아신다? (김수배 : 응) 그게 연도로는 언제쯤인 걸로 기억하세요?

김수배   연도 수로는 한 77년도. (면담자 : 70년대 후반?) 후반 그사이. 뭐 새마을운동 하고 할 그럴 때.

면담자   그때가 제일 이 섬이 가장 번성했을 때였나요?

김수배   아니, 저 그러니까 세대수가 그렇게 많았어, 하여튼. 아들이 말하자면은 같이 결혼, 인자 [아들이] 성숙해 갖고 결혼하게 되면은 자기… 아들의 큰아들은 또 [같이] 살 꺼라도[살더라도] 같이, 다른 집이 비워져 있는 적은 방이라더나 그쪽으로 이렇게 저 살림을 차려주고 그랬었어요. 그래 가지고 세대수를 세어보니까 그렇게 93세대까지 여기서 살았어요. 그러다가 차근차근 인자 도시로 나가고, 전부. 살 수가 없으니까, 뭐 여기서 해 먹을 것이 없고 그러니까 전부 나가고 인자 그랬어.

면담자   아버님은 [19]43년생이라고 얘기하셨던 거 같은데, 맞습니까?

김수배　　제가 호적상으론 43년생이고. (면담자 : 실제로는요?) 실제는 42년생이요.

면담자　　아, 다음 해에 호적에 올리셨군요. 옛날에는 그렇게 많이 했죠.

김수배　　예. 1년 늦게 호적에 올렸던 모양이야.

면담자　　아버님은 그 해방은 기억 못 하실 것 같고. (김수배 : 해방?) 6·25 때는 기억하실 것 같은데요?

김수배　　그렇죠. 이 저… 우리가 저 해방된 것을 알죠.

면담자　　아버님이 3살이실 땐데?

김수배　　아니, 모르지요. 그라니까 모르제. 아버지, 내가 이제 3살 때 아버지 돌아가[서서] 아버지 얼굴도 모르고 그라는데. 6·25 때는 군인들이, 막 형들이 갔다 오고. 나이 많은 묵은 형들이 다녀오면 그 뭐 총 미고[메고].

면담자　　군인의 모습을 보시긴 했나요?

김수배　　아, 본 적 있어. M1 총 미고 여그까지 오는 분들도 있었고 그랬어.

면담자　　여기는 뭐 총격이 오가거나 그러진 않았나요?

김수배　　아이, 그래 안 했지. 근데 복잡할 때 있었어, 6·25 때만.

면담자　　언제 이야기인가요?

김수배   6·25 때 저… 그 마을에서 조금 말 꽤나 하고, 뭐 대학
교를 나왔다든지 좀 학력이 좋은 사람들 막 잡으러 당기고. 그런 걸
내가 기억을….

면담자   아버님도 그걸 같이 잡으러 다니고 하셨어요?

김수배   아뇨. 우리들은 인자… 그때 단계는 6·25 때가 인자
우리가 국민학교 1학년 댕길 땐데. 그걸 인자 오고 가고 이렇게 했
고. 본도, 조도 내에서는 총살도 시키고 막 그랬다고 인자 그런 말
들었고 이래요.

면담자   그럼 대학 나오고 그런 사람들은….

김수배   아, 그럼. 똑똑한 사람들은 죽고 그랬다고.

면담자   그분들은 왜 그랬을까요?

김수배   그것이 인자 6·25니까, 뭐 뭔 일인지 모르제.

면담자   '좌익이다' 이래서 그랬던 건가요?

김수배   그러니까… 그것이 인자 제가 잘 모르지. 그런 소식만
들었지(웃음).

면담자   그리고 어릴 때니까 그죠? (김수배 : 어) 알겠습니다.

동거차도 내 임금노동 정착 과정과 참사 당시 어선 지원

면담자　이 마을에서 혹시 업주와 고용인이 나뉘어서 일하게 된 것은 언제부터인지요?

김수배　아 처음 그 사업할 때부터지, 그게 다 필요하거든요.

면담자　그러면 업주들이 처음 생겨난 때는 언제인지요?

김수배　아, 이게 사업을 시작할 때가 어느 때냐고요? (면담자 : 예) 제가 27살부터 어촌계장을 했고, 그때부터 그러니까 30살 때 어장을 했어요, 제가. 그 전에는 이런 멸치잡이가 아니고, 쪼깐한[작은] 목선 같은 거를 타고 이… 연승이라고 아요[알아요]? 연승?

면담자　연승? 잘 모릅니다.

김수배　이 주낙이라고 그러지, 낚시로 해서 이렇게 고기 잡는 거. 그러던 사업을 하고, 또 크게는 인자 칠산[에서] 조기잡이. 풍선 [돛단배] 타고 그런 사업하는 분이 옛날에 있었어.

면담자　그때는 누군가를 고용해서 일하던 건 없었겠네요?

김수배　아니. 전부 마을 분들 모시고, 선원을 마을 분들[로] 이렇게 모셔다가 다녔지. 그라믄은 그 배에는 선원이 몇 명이나 타냐 하면은, 여덟이. 인자 우리 아버지가 칠산에 갔다가 오다가 이제 죽었다고 하는… (면담자 : 조기잡이) 예, 조기잡이. 그런데 그분들이 먼저 사업은… 우리들은 인자 어리고, 그분들은 그런 사업을 풍선 타고 조기잡이를 했다는 것을 내가 말씀을 드리는 거예요.

면담자   그 일을 했던 분들이 많았나요?

김수배   한 예닐곱 집이 했어, 조기잡이. 그리고 막금리는 막
금리대로 인자 또 하고. 그러다가 그것이 별로… 어째서 차근차근
그 사업이 끊어졌냐 하면은, 칠산에서 조기가 안 나고 멀리[서] 나부
니까, 멀리 나가서 인자 고기를 잡으니까 그것이 없어졌고. 그 배들
은 또 풍선이라나서 오래돼 불믄 그것이 다 돼분 것 아니오. 그라고
그만둔 것이고.

면담자   여기 분들은 다 토착민분들이라고 말씀하셨는데요.
그러면 저기 목사님 댁은 외부에서 오신 거예요?

김수배   거기는 외부에서 왔죠, 목사님은.

면담자   그분들이 언제 오신 거예요?

김수배   한 15년 됐을 거요, 거기도.

면담자   외지에서 오신 분들은 그분들밖에 없나요?

김수배   그렇죠. 타 부락에서 들어오신 분은 그분밖에 없어요.
그분들도 인자 그 전에 오신 목사님들이 몇 분이나 오셨다가 늘 이
렇게 교대하고 나가불고 그랬다가, 이분들은 여그서 지금 또 오래
사시니까.

면담자   다른 분이랑 같이 잘 지내시는 겁니까?

김수배   아, 친절해요. 그래 갖고 우리가 마을에서 이렇게 계

를 하면은 해변에서 그 미역 같은 거 같이 이렇게 우리하고 똑같이 해 먹어. 마을 사람 돼부렀어요. 그 사모님을 이장을 우리가 시켰죠.

면담자 예, 지금 이장이시죠.

김수배 똘똘해요, 그래서 이장을 인자.

면담자 아버님, 또 여쭤볼 게 있는데 16일 날 현장으로 나갔을 때 동거차도에서는 배가 몇 척 정도 나갔습니까?

김수배 다, 있는 배들 다 나갔죠.

면담자 그때 동원령 같은 게 있었습니까?

김수배 그렇지. 아니, 동원령이 아니라 여기 자진해서 거 사고 났다니까 나가는 거여. 그것은 그런 일이 생겼으니까 나가봐야죠, 그것이.

면담자 그때 여기 있는 배들 전부라면 몇 척 정도입니까?

김수배 지금 일곱 척이지. 일곱 척, 나까지 해서 일곱 척 다 나갔죠. 그리고 막금리 배들도 다 나가고.

면담자 막금리 배들은 몇 척 정도죠?

김수배 거그 다섯 척.

면담자 그럼 동거차도에서는 총 12척이 나갔네요?

김수배 그렇죠. 다 나갔다고 봐야죠.

면담자   막금리에서 5척, 총 12척이었군요. 아버님, 오늘 귀한 말씀해 주셔서 정말 감사합니다.

김수배   아이고, 별말씀을.

면담자   저희가 나중에 말씀하신 거 잘 풀어서, 다시 한번 찾아뵙고 또 인사드리겠습니다.

김수배   내가 인자 두서없는 말만 해서 죄송해요.

면담자   예, 정리를 잘해주셨습니다. 저희가 궁금했던 게 아주 선명하게 정리가 잘되었습니다.

김수배   아, 그렇다 하니까 쓰겠습니다마는, 제가 너무 두서없이 말을 해서(웃음).

면담자   네, 이것으로 김수배 씨 구술을 마치겠습니다. 감사합니다.

동거차도 주민 김창관

2017년 3월 25일

1
시작 인사말

면담자 　　 본 구술증언은 4·16 사건에 대한 참여자들의 경험과 기억을 기록으로 남김으로써 이후 진상 규명 및 역사 기술에 기여하고자 합니다. 지금부터 김창관 씨의 증언을 시작하겠습니다. 오늘은 2017년 3월 25일이며, 장소는 동거차도 김창관 씨 자택입니다. 면담자는 장원아이며, 촬영자는 강재성입니다.

2
동거차도 재정착 과정

면담자 　　 먼저 언제부터 동거차도에 사시게 되셨는지 간단하게 여쭤보려고 하는데요. 아까 고향은 동거차도고 나가서 살다가 다시 들어오셨다고 그러셨잖아요?

김창관 　　 작년, 지금 딱 1년쯤 됐어요. 미역 양식 도와주러 여기 왔었어요.

면담자 　　 그러면 고향이 동거차도시고, 국민학교 이후에는 쭉 나가 계셨던 거예요?

김창관 　　 네, 객지생활 많이 했지.

면담자 　　 중학교는 목포로 가셨어요?

김창관   어. 옛날 사람들은 중학교 엄두도 못 내고, 여기서는 조금 형편이 나은 가정에서는 중학교, 고등학교를 저 목포 도시들에 가서 하고. 저 같은 경우에는 어렸을 때부터 여기서 자라서 그러는데, 한 20대 후반 여기서 뭣 좀 할까 싶어서 했다가 안 되니까 또 다시 나가고…. 왔다 갔다 하면서 이십몇 년 동안은 객지생활 많이 했었지.

면담자   그러면 나가서는 어떤 일 하셨어요?

김창관   뱃일. 조기잡이.

면담자   생활은 주로 목포에서 하셨나요?

김창관   다니는 데는 전국 일주하다시피 했지, 바다는.

면담자   그래도 집은 어디에 두시고요?

김창관   목포.

면담자   그러다가 다시 동거차도로 돌아오신 거는 작년인가요?

김창관   예, 1년 좀 못 되었어요.

면담자   동거차도로 돌아온 이유는 건강이 안 좋으셔서요?

김창관   (고개 끄덕임)

면담자   네. 그러면 지금은 어떤 일을 하고 계세요?

김창관   내가 지금 미역 채취를 할려고 딱 준비 과정인데, 지금 [기름]유출 때문에 작업을 못 하고 있어.

면담자   혹시 그러면 사모님은 미역 채취나 다른 일을 같이 하시나요?

김창관   목포한국병원 간병인으로 있다가 마침 또 인자, 기자 여러분들 와서 지금 숙소 방 하나, 둘, 셋. (면담자 : 민박이요?) "민박 그거 하자" 그래서 여기 와 있어, 당분간.

면담자   자제분들은 어떻게 되세요?

김창관   1남 1녀.

면담자   혹시 동거차도에 친척분들도 같이 살고 계신 건가요?

김창관   네. 섬에 여그 여든여섯 되신 작은엄마 보건소 밑에 거기서 살아 계시고. 다 여기는 거의 다 친척이라고 보면 돼, 이 주민들은. 옛날부터 서로 얽히고설키고 여기서부터 사돈도 맺고 해부니까 거의 친척이지.

면담자   그러면 혹시 사모님도 여기 분이세요? (김창관 : 아니 여) 그러면 목포에서 만나신 거예요? (김창관 : 웅) 친척분들은 여기 서 무슨 일을 하세요? 거의 다 미역 관련 일을 하세요?

김창관   아니여. 여기 계신 분들은 다 나이 잡숴가지고 못 해. 나이가 여든이 넘었는데.

면담자   그럼 비슷한 연배의 다른 친척분들은 여기 아무도 안 계신 거예요?

김창관   제가 막낸데, 육지에 목포에 계시고 인천 있고, 쫙 갈 렸어.

면담자　　　형제분들은 어떻게 되세요? 막내시면 형님과 누님들이 계세요?

김창관　　　8남 3녀.

면담자　　　그중 제일 막내인 거예요?

김창관　　　여동생 하나 있어요. 내 밑으로 남동생 하나 있는데 우리는 쌍둥이라 막내라 하지.

면담자　　　대가족이시네요.

김창관　　　아따, 한 사람 더 있었어(웃음). 그란데 돌아가셨어, 나 바로 우에[위에].

3
유가족들과 만남

면담자　　　목포에서 살다가 동거차도로 다시 들어오신 건데, 여기 살면서 좋은 점과 어려운 점이 있다면 어떤 게 있는지 좀 말씀해주세요.

김창관　　　좋은 점을 찾자면은 여기 공기밖에 없어요(웃음). 그래서 술, 담배를 전혀 안 했어, 목포서는. 가끔 먹었는데 여기서는 자주 먹게 돼, 저기 유가족 저 친구들하고.

면담자　　　유가족분들하고 같이요?

김창관　　어. 바로 거기 앞이니까 계속 부르면은 가면[가서] 마시고, 마시고 하는 거여. 오늘도 거기서 몇 잔 마시고 나왔어요. "아, 형님 와요" 그러면 자꾸 내려가서 먹게 되더라고.

면담자　　그게 좋은 점이면 어려운 점은요?

김창관　　어려운 점이라 하면 뭐가 있겠어. 돈 있으면 하나도 안 어려운데, 돈 있어 봐야 필요 없어. 가게가 있어, 뭐가 있어(웃음). 진짜 여기서는 돈 쓸 데가 없어.

면담자　　유가족분들과 술 마시면서 혹시 어떤 얘기하셨어요?

김창관　　맨[계속] 그 얘기지. 내가 저기 유가족들 배, '진실호' 그걸 내가 운전하고 잘 다녔어.

면담자　　어디 어디를 다니셨어요?

김창관　　저 현장. 이제 기자들은 [현장에] 접근 못 하게 하지. 그러니까[그렇지만] 그 배는 한마디로 해경들이 와도 좀 양보를 해줘, 가까이 가서 촬영을 해도.

면담자　　인양되는 거 보시면서 어떤 생각이 드셨어요?

김창관　　저야 바다 운전하는데 뭐 어떤 생각하겠어? 남 일인데, 원래 그거는(웃음). 될 수 있으면 유가족들은 더 가까이 가서 확인할라고 더 그런 부탁을 하더라고요. 어제 같은 경우는 해경이 1마일 이내로 못 들어오게 해. 그럼 [해경이] 쩌 [멀리] 가면 다시 들어가고, 다시 나오고 그랬죠. 그래야 하는 것이 좀 안 좋더라고.

면담자   해경들이 통제를 하니까?

김창관   예. 오늘 같은 경우는 인자… 선체를 13미터 정도 올라와 버리니까 안 보이더라고, 해경들이, 쫓아다니는 배가. [이전에는] "접근 금지"라고 해. 그래 갖고 더 가고 싶어도 못 가.

면담자   동거차도에 오신 유가족분들과는 처음에 어떤 계기로 만나게 됐어요?

김창관   내가 만날 사람도 아니고(웃음). 자기들이[유가족들의 거처가] 여기서 가까우니까. 그 저 옥영 씨라고, 거기서 많이 거주하다시피 해. (면담자 : 이옥영 선생님이요?) 예. 거기서 한 분이 그 배에 걸렸더래요. 그래 가지고는 인자 잃어버릴 사람을 시체라도 [이옥영 씨] 그분이 인양을 해서, 그래서 더욱더 친절한 거 같애요.

면담자   이옥영 선생님은 어떻게 친분이 있으세요?

김창관   우리 한참 동생이지. 그러니까 옛날부터 인자….

면담자   옛날부터, 어렸을 때부터 알던 사이예요?

김창관   나 여기 살 때는 저 동생들이 아주 쪼그맸지(웃음).

4
기름유출 피해

면담자   이번에 세월호가 인양되면서 기름유출이 되었다는데,

이런 얘기도 들으셨어요?

김창관   늘 텔레비[TV] 안고 살다시피 하니까 보지.

면담자   혹시 선생님께도 피해가 있나요?

김창관   당연히 있지. 주민이라면은 부락이 잘 돼야…. 뭐 우리도 지금 미역 작업을 하면은 거기다 얽매이잖아. 놀지는 않고 도와주는 과정인데, 인자 [기름유출이] 저 정도 돼버리니까 미역 채취를 못 해, 지금.

면담자   조금 더 구체적으로 말씀해 주시겠어요?

김창관   구체적으로는 인자 돈벌이가 안 되지, 한마디로(웃음). 그게 되어야 조금이라도, 다소라도 수입이 생기는데 저 정도 돼버리니까. 어제 그 유출 뉴스 안 봤어? 그러니까 거 판로도 안 돼, 여기서는. 저 정도로 언론 매스컴 타버렸는데 누가 동거차 미역이라고 사 먹겠어?

면담자   마을 분들은 거의 다 미역 채취 일을 하세요?

김창관   그럼요. 여자들도 하루에 일당도 받고, 미역도 인자 한마디로 얻어먹을 수 있는 과정인데, 저래 갖고 미역 작업을 못 해버리니까. 채취를 못 하니까.

면담자   기름유출 피해 관련해서 주민분들이 대책 회의도 하시더라고요.

김창관   아, 회의 참석을 해달라고 방송을 몇 번 하더만. 구태여 내가 발언권을 얻어갖고 얘기할 수 없는 과정이요, 제가. (면담자 : 왜요?) 내가 어장[이나] 뭣을 안 해. 미역 양식 어장을 안 항께, 선원 입장에서. 그래서 내가 가봐야 내가 발언권을 얻어갖고 할 수도 없고, 그러니까 업주들만 이제 회의한 거 같애요, 오늘 보니까. 돌미역, 양식 미역 그거에 대해서는 내가 사실 몰라, 어떻게 된 건가.

면담자　　　혹시나 기름유출 일로 이익을 본 사람도 있을까요?

김창관　　　이익 보는 게 없지. (면담자 : 전혀?) 그럼.

면담자　　　그러면 가장 피해를 본 사람은 누구라고 생각하세요?

김창관　　　동거차 주민이라고 보면 [되지].

면담자　　　양식장 가지고 있든 안 가지고 있든 상관없이요?

김창관　　　어, 다 손해지. 양식장 주인들이야 더 말할 것도 없고.

면담자　　　그래도 마을 회의는 안 가신 거잖아요? 왜 안 가셨어요?

김창관　　　아따, 나도 내 일 해야지.

면담자　　　어떤 일이요?

김창관　　　밭에 가서 일 좀 했어요.

면담자　　　아, 여기 텃밭 키우시는 거요?

김창관　　　어, 저기다 귤나무 몇 개 해놨는디.

면담자　　　미역 양식장 업주분들은 피해가 있는데, 그러면 양식장이 없는 분들은 어떤 피해가 있는 건가요?

김창관   거기 다 얽매여서 일을 하니까 일당을 받잖아. 그럼 다 피해지.

면담자   일당이 얼마쯤 되나요?

김창관   여자분들은 뭐 5, 6만 원 되는 거 같더라고, 하루에. 여자들 나이 먹은 사람들은 여기서 수입이 꽤 괜찮은 편이지, 그런 정도면.

면담자   혹시 그러면 남자분들은 다른 일 하시나요?

김창관   인제 뭐 주낙도 하고. 지금 시기가 그란디, 고기 잡는 주낙 그런 거. 그렇고 저 일 때문에 계속 지금 놀고 있잖아, 남자들은 알다시피.

면담자   그러면 업주분들은 보상이라도 받을 수 있을지도 모르는데, 거기서 일하시는 분들은 보상을 어떻게 받나요?

김창관   내일 선주들한테 물어볼라고. 거기서 많은 액수를 받으면은 인자 우리도… 해마다 하는 거니까, 선원들 수입이 만에 하나 100만 원을 번다, 200만 원을 번다 하면은 거기서 [따른] 대가가 나오겠지.

면담자   공동작업장이 있다고 들었는데요.

김창관   인자 돌미역 채취.

면담자   그걸 갱번이라고 들었는데요.

김창관   갱번, 맞아. 돌미역이 저 깊이 있어. 미역도 있고, 그다음에 톳, 김. 그런 거는 인자 기름유출 되면 한마디로 다 못 먹어, 그것도.

면담자   그런 공동작업장의 피해는 보상을 못 받나요?

김창관   인자 그런 것은 모르겠어. 그거는 이제 공동체라, 마을 이장한테 그건 문의하면 알 거야. 어떻게 했는가.

면담자   3년 전 세월호 침몰 당시 기름유출 때는 보상을 못 받았던 건가요?

김창관   그때 보상을 제대로 못 받았대요.

면담자   네. 아, 선생님께서는 그 이후에….

김창관   어, 그 이후에 왔으니까 모르지, 그건.

면담자   그러면 혹시 선주들 입장에 대해서는 어떻게 생각하세요?

김창관   깝깝하겠죠. 보상 문제도 적당량이 나와야 되는데, 애매하게 나와부니까 3년 전에 난리 났대(웃음). 그래 갖고 지금 유출돼 보니까 거기서 인제 그랗게 해수부 장관이 오늘도 오고 가고 했는 모양이야, 군수들. 거기서 "그런 식으로 하지 말고 이번에는 확실하게 보상 좀 해달라"고 그래서 한 거 같애요. 그나마 그것도 구두식이 아니고 자필로 써가지고 서명을 하던가 해야지. 몇 년 전처럼 그래 갖고 어떻게 된 거 같애.

면담자   여기 주민이라면 마을 회의에서 나오는 얘기들에 다들 동의하는 건가요?

김창관   다 그렇죠. 여기서는 마다할 필요 없지.

5
진실호, 유가족들과 왕래

면담자   세월호 사건 이후 3년 전부터 언론이 동거차도에 대해서 다루기도 했지만 좀 얘기가 안 된 부분이라고 생각하시는 점이 있나요?

김창관   저는 중간에 와서 그런 것을 구태여 말할 수가 없어요.

면담자   지금은요?

김창관   아, 지금 보고 느끼는 거 이 똑같애, 모든 사람이 다.

면담자   모든 사람이라고 하기엔 조금 특별하신 게, 선생님은 동거차도에 내려오는 유가족분들하고 바로 옆집에서 이렇게 사시면서 그분들하고 바다도 같이 나가시고 그러시잖아요.

김창관   이번에야 같이 다녔지, 내가 뭔데 그분들을. 내가 별거 있어, 뭐 있어? 그 진실호, 그 유가족들 배 있더만.

면담자   이번에만 진실호를 모신 거예요?

김창관   그러지. 그런 과정에서 이제 [유가족도] 알고 지내고, 더욱더 뭣한 거지. 옥영 씨도 자기 배가 있어. 옥영 씨도 뭐 하면 자기 배 타고 가고, 저기는 인자 육지 분들이라 배를 모는 과정이 좀 서툴러. 그러니까 내가 늘 가고 그랬어. (면담자 : 몇 번쯤?) 한 네다섯 번 갔어. 조도 근처로도 기름도 실으러 가고 그랬어.

면담자　　　가족분들은 언제부터 알게 되셨어요?

김창관　　　아무래도 근처에 있으니까 집에 와서 술도 마시고 인자 그랬어. 그래서 인자 자주… 한 사람[을] 아니까 이 사람, 저 사람 해서 "옥영 씨 집 앞에 형님 집 가서 술도 마시고 그라십쇼" 그렇게 해서 더욱더 친절하게 대했죠.

면담자　　　유가족들이 세월호 감시하는 그 초소에는 안 가보셨어요?

김창관　　　왜 안 가. 거기서도 오고 가고 커피도 마시고. 그것도 먼저 "아이고, 아버님 건너와 커피도 마시고 가십쇼" 그러면. 여자분들은 더 좋아. 남자분들은 술 마시고 커피 주니(웃음).

면담자　　　그러면 유가족분들하고 친하게 지내는 주민분이 이옥영 선장님하고 선생님 말고 또 다른 분들 더 계신가요?

김창관　　　내가 알기로는 유일하게, 아는 사람 별로 없을 거 같아. 여기가 인자 제일 가깝잖아. 유가족들이 오면은 짐 푸는 데가 여기야, 옥영 씨네 집. 제일 가깝고 아까 전에 얘기했지만은 거기서 유실될 여자애를 하나 구출했어, 옥영 씨가. 그래 가지고 인자 "아이고, 고맙다"고 그런 식으로 해서 여기가 제일 직접적으로 만난 거 같아.

면담자　　　그럼 유가족분들과 가깝게 지내는 주민분이 2구에는 또 계세요?

김창관　　　다 인자 늘 보고 저… 저 이종사촌이라 해야 되나? 동생 하나 있어.

면담자　　　혹시 주민분들이랑 유가족분들 사이에서 얘기를 들으시면 속으로 다른 입장이라고 느끼실 때도 있으세요?

김창관　　　뭐 그렇게 딱히 내가 볼 때는 오가는 말이 별로 없어. 아는 사람, 친절한 사람은 저하고 아까 금방 얘기한 그 사람하고. 그 사람도 인자 일 없으면 여기 와서 놀고 그러고.

면담자　　　오늘은 그럼 누구랑 배 타고 같이 나가셨어요?

김창관　　　유가족들.

면담자　　　유가족 누구 아빠이신지 혹시 아시나요?

김창관　　　애들 이름을 잘 모르겠다. 근데 형님, 동생 하니까 그렇지(웃음). 내가 뭐 그 많은 사람 이름을 어떻게 다 외워. 주일마다 바뀐다니까, 몇 명씩. 네 명씩 올 때가 있고 다섯 명 올 때가 있고, 주일에 금요일마다 바뀌거든. 이번에는 인자 두 팀, 한마디로 몇 반 몇 반이 와서 한 번에 모여갖고 나가고 또 그러는 거 같던데, 저 인양한다고 하니까. 몰라, 애들 이름은 잘.

면담자　　　2014년 세월호 참사 당시에는 유가족분들과 이렇게 만나게 될 줄은 모르셨겠네요. 참사 당일에는 어디에 계셨어요?

김창관　　　그 병원생활 했었다니까, 이 다리 때문에.

면담자   길게 입원하셨어요?

김창관   한 7개월.

면담자   세월호 소식은 어떻게 아셨어요?

김창관   항구에서 배 생활 하다가 밧줄에 걸려갖고 다리가 끊어졌어. 그래 갖고 몇 차례 수술하는 바람에 시일이 걸려버려서, 수술이 잘못돼 갖고.

면담자   그러면 세월호 소식은 병원에 계실 때 텔레비전으로 보셨어요?

김창관   그거를 밤새껏 봤지. 시체 싣고 바로 영안실 온 것도 보고… 거기서 많이 느꼈어. 아, 최초로 아주 막 겁나더라고. 우리 마을 또 더구나 근처라, 신경이 써가.

면담자   마을 분들은 당시에 굉장히 충격을 많이 받으셨잖아요. 물론 그때 목포병원에 계셨지만 연락받으신 거라든가 혹시 들으신 이야기가 있으셨어요?

김창관   아니, 인자 주로 "저거 어디냐?" 그러면은 제가 우리 마을이라고 그러면은 거짓인 줄 알어. 내가 농담 하도 잘 하니까(웃음). 그러니까 그런 얘기를 하니까, 그런 얘기밖에 물어볼 거 더 있겄어? 병원생활 하는 사람한테.

면담자   그러면 작년에 마을로 돌아오셨을 때 뭔가 전과 달라진 점 같은 걸 느끼셨어요?

김창관   도로, 해변. 그 전에는 이렇게 없었어. 좁은 길에 다 냇물처럼 다 있었어, 이 도로가. 그래서 그거에 다리 놓고 건너다니고 그랬었어요, 옛날에.

면담자   언제 놓인 거예요?

김창관   꽤 됐어. 내가 몇 차례 벌초 시기에 왔다 갔다 했어, 여기. 그때부터 많이 좋아졌어.

면담자   그러면 이제 십몇 년 된 거네요?

김창관   인자 꽤 됐어. 그래 가지고 늘 변화가 있더만. (면담자 : 어떻게?) 이 앞에 방충망이 같이, 아니 방[파제]… 파도, 겨울에 파도 치면은 이 벽이 얕으니까 딱 해서 요리 넘어와, 여기 도로로. 그래 갖고 인자 방지턱을[방파제를] 이렇게 해놨더만, 와서 보니까. 방지턱으로 그리 막 물 넘어왔거든.

면담자   그러면 뭔가 세월호 참사 이후로 마을이 바뀌었다든가 이런 것도 있나요?

김창관   아직까지는 내가 볼 때는 없어요.

면담자   그래도 기자들과 유가족분들 등등 오가는 사람들이 많아지면서 생긴 변화는 없었나요?

김창관   기자분들은… 지금 최초로 마을에 빈집이, 방이 없어 가지고. 엄청 왔더만, 기자분들. 그래 가지고 우리야 뭐 노는 방이니까 드릴 수가 있는데 딴 집들은 뭐 노인들 사시는… 몇 분? 여러 집이여. 노인들이 한마디로 쫓겨나다시피, 자기는 좁은 데로 가고 손님들 대접할라고 큰방 주고 그런 경우가 많이 있다니까.

면담자   혹시 참사 난 이후 주변에서 수색 나간 분들도 많이 계시잖아요. 아는 분들에게 수색 관련 얘기는 좀 들으셨어요?

김창관   그때는 저 텔레비[TV] 틀면 나오더만, 나는 여기 없었으니까 모르는데. 하여튼 뭐… 벌 떼처럼 전부 그때 보면 막 물체들조차, 배들조차도, 배를 헤아릴 수 없을 정도로 그렇게 많이 떴응께.

6

기름유출로 인한 피해에 대한 생각

면담자   기름유출 이후에 많은 보상을 못 받은 그런 이야기들을 접하셨을 거잖아요. 그런 얘기를 들으면서 어떤 생각을 하셨어요?

김창관   아, 뭐 어떤 생각을 해, 마을 피해가 엄청나겠죠. 이 1년 그 생산 전부 한 거를 진짜 기름 저거 때문에 엄청 망하다시피 했지. [매출이] 몇천만 원, 억을 바라보는 가정에서 100만 원 받은 사람도 있더라고. 거의 뭐… 그러니까 한 사람은 안산 시장이든 뭐든 오면은 성질내 갖고 막 부락만 시끄럽게 하고, "보상해 준 게 뭐 있냐?"고 야단도 치고 하는 사람도 있어.

면담자   빚을 진 집도 있다고 하더라고요.

김창관   당연히 여기서 그것만 바라보고 있는데, 빚도 지지.

면담자   선생님 댁은 괜찮으신지요?

김창관   나는 인자 그런 과정은 없지, 뒤늦게 와서. 작년에는 또 유일하게 미역도 안 길러버렸어. (면담자 : 작년이요?) 저기 미역 양식 어장. 생산이 별로 안 났어, 작년에. 얘기 들어보니까 [미역이] 많이 떨어졌더라고, 작년에.

면담자   올해는 수확이 어떻게 예상됐었나요?

김창관   [미역이] 엄청 길었어, 지금. 보다시피 어제 방송 나오더만. 어촌계장이나 저 [조]광원 씨나, [같이] 또 타고… 내가 자꾸 어장을 한 번씩 봐, 가끔 옥영 씨랑. 이런 게 처음이래, [미역이 이렇게] 많이 기는 해가. 인자 키가 약간 길기는 한데 이 귀퉁이, 딱 미역귀, 끄트리가 지금 좀 덜 생겼어. 그런데 인자 딱 채취할 시기에 저 유출돼 버리니까 미쳐버리지, 선주들은.

면담자   그 전에 뭔가 시기 조절을 한다든가 하는 건 전혀 없었어요?

김창관   안 돼. [미역]귀가 없으면 또 미역 가격이 떨어져 버링께 '귀가 생기께 지금 좀 더 바라보자' 해서, 4월 말쯤 전부 [채취]할려고 지금 펴[벼]르고 있[었]어. [그런데] 이 짓거리 해버리니 어떻게 되겠어요?

면담자   미역 어장들이 여러 군데 많잖아요. 어떤 데는 빨리 자라고 어떤 데는 늦게 자라고 하는데, 혹시 인양으로 기름유출이 있기 전에 미리 수확한 집은 없나요?

김창관   저… 몇 집 있대, 두 차렌가 했어. 그렇다고 해봐야 한

40 가닥? 이렇게 한 다발. 한 400개, 480개 되겠구나. 24뭇씩이라고… 240개씩 딱.

면담자 　　그럼 그 정도면 시가로 제값을 받으면 얼마쯤 되나요?

김창관 　　인자… 잘 받을 때는 뭐 십몇만 원씩 받는데, 저는 그런 거 가격에 대해서 모르겠어, 금년은.

면담자 　　한 뭇에 십몇만 원인 거죠?

김창관 　　십몇만 원. 지금 한 5, 6만 원 하는 모양이야, 가격 잘 받으면.

면담자 　　지금 5, 6만 원으로 떨어진 거예요?

김창관 　　아직 판로가 없지. 있어야 뭐 팔든가 하지, 지금에 처지로. 저 막사가 있어. 아직 판로는 안 됐지. 그라고 금년에는 [미역 가격이] 유일하게 비싸게 생겼더라고, 딴 지역에 미역이 안 길어버리니까. 그란데 이 모양 돼버리니 더 미쳤다니까, 업주들.

면담자 　　미리 수확한 그 한두 집은 그래도 피해가 좀 덜하시겠네요?

김창관 　　아니, 판로가 없당께, 아직. 계속 집에 가 있어.

면담자 　　미리 수확을 해도 '이거는 동거차도 거다' 해서 판로가 막힌 건가요?

김창관 　　인자 그렇게 생겼어. 동거차 거라면은 누가 사 먹지도 않애. 미리서 [채취]했어도. 그거이 참 문제야.

면담자   사실 인양한다고 몇 달 전부터 바지선이 와서 계속 있었잖아요? 그런데 갑자기 인양을 해버린 거잖아요, 원래는 4월 달에 한다고 했는데. 그럼 미역 수확 다 하고 나서 하면은 좋았을 텐데. (김창관 : 그렇지) 그런 협의가 정부 쪽과는 된 게 없었나요?

김창관   그런 데는 별로 관심이 없었어, 저는. 하면 하는가 부다 했지.

면담자   혹시 유가족분들은 이런 기름유출 피해에 대해 뭐라고 말씀하세요?

김창관   안됐다고 하지 뭐…. 괜히 자기들 때문에 이런 어장이. 매년마다 그런 생각하고 있더라고, 보면. 괜히 한 사람 잘못으로 이래서 부락에 진짜 피해가 엄청나다고, '보상이라도 좀 많이 받았으면 좋겠다'고 그런 마음이었지, 뭐.

면담자   그런 얘기 들으시면 선생님께서는 어떠세요?

김창관   나도 물론 마찬가지지, 뭐 어떻겠어(웃음). 보상이나 많이 받았으면 하는 마음이지. 한마디로 인자 보상을 받으면은 그런 거이 좀 가라앉겠죠, 억울한 마음이. 아니, 그러니까 몇 년 전부터, 한 3년 전인가 이제 그란데, 그때는 인자 너무나 했더라고, [보상] 액수가.

면담자   다들 그렇게 생각하시는 건가요?

김창관   다 그러겠지, 나만 그러겠어? (웃음)

7

유가족에 대한 마음

면담자   혹시 세월호 관련해서 유가족분들 만나시면서 선생님께서 뭔가 생각이 바뀌신 게 있나요?

김창관   최초로는 뭔 말을 못 건네겠더라니까? 거기 유가족 동생이나 아줌마들한테 '딸이에요? 아들이에요?' 그런 말도 못 하겠어, 저 사람들 마음은 어떨까 싶어서. 그란데 요즘 자기네들이 먼저 "어휴, 그럼 안 된다"고, "우리가 더 미안하니까 물어볼 말 물어보라"고 그런 얘기하는데, 내가 뭘 물어보겠어요. 더욱더 인자 그런 거 갖지 말고 친절하게 지내자, 그 말이여, 여기 있는 동안은.

면담자   선생님께서는 유가족분들이 여기에 계속 당번 바뀌가면서 오는 것에 대해서 따뜻하게 지켜보신 건가요?

김창관   그러지. 인자 아무래도 객진데, 여기가 겨울이면은 엄청 춥지, 저기[초소]가. 그러면은 마음적이라도 '여기 와서 좀 내려왔다 쉬어' 그러고 싶지. 바람 불면 거기도 바닥이 떴어. 깔아논 과정이 아무리 전기장판 한다 해도, 그건 고생 많지.

면담자   혹시 세월호 사건 전후로 정부에 대한 생각 같은 게 달라지셨어요?

김창관   법에 대해서는 나는 아예 몰라(웃음).

면담자   그럼 이제 세월호 인양했는데 어떻게 될까요? 진상 규명에 대해서 어떻게 생각하세요?

김창관   근데 저기서 또 유출이 안 될 수 가 없어, 딱 보면은. (면담자 : 또요?) 그러지, 인자. 더 올라와야 돼, 9미터 이상. 선상 우로 저 밑에 가라앉은 배하고 같이 인자 세월호가 올라와야 돼. 한마디로 반잠수식이 이건데, (그림을 그리며) 여기가 배[세월호]야. [반잠수식 선박이] 같이 가라앉아 있어, 지금 이 정도가 다 올라온 게 아니야. 그러니 인자 이 배가 물 위로 살살 오면서 같이 작업이 돼. 이 정도, 9미터를 더 올려야 돼. 그러면은 여기서 인자 유출된 물이 왜 안 나오고 있냔 말이야, 여기서. 여기서부터 물을 빼내고. 아마 지금 천천히 빼내잖아. 밑에 배, 반잠수식. 그래서 그런 그거이 좀 문제지, 거기서 유출된 기름도 오늘 보면 알 거야.

면담자   여기 기자들 많이 왔다 갔다 하는데 인터뷰하신 적 있으세요?

김창관   아니, 뿌리쳤어.

면담자   이번이 처음 하시는 거예요?

김창관   응, 내가 아는 게 뭐 있다고 인터뷰하겠어요. 여기 주민들도 많이 있는데.

동거차도 주민 김창관

동거차도 성씨, 인구수 변화, 마을 생업 및 특성

면담자   몇 가지만 좀 더 여쭤볼게요. 여기 마을이 두 개 있잖아요?

김창관   1구하고 저쪽에 2구.

면담자   2구는 저쪽에 있고, 여기는 1구고. 근데 2구를 가보니까 거긴 대부분 여씨 분들이더라고요.

김창관   여씨, 장씨야. 거기는 여씨, 장씨.

면담자   그럼 여기 1구에는요?

김창관   여기는 다양해, 이름이.

면담자   조씨가 좀 많아 보이긴 하던데.

김창관   아니야. 김씨, 조씨, 다 있어. 차씨, 이씨… 그래도 여기 계신 분들은 김씨가 많아요.

면담자   여기 계신 분들은 옛날부터 쭉 사신 분들이에요? 혹시 외지에서 이사 들어오신 분들은 없나요?

김창관   뭐가, 나같이 미친놈들이나 들어오지(웃음).

면담자   그래도 몇십 년 전이라던가 그 훨씬 전이라던가? (김창관 : 아니에요) 아, 그럼 대대로 여기서 살아오신 분들이에요?

김창관   나가면 나갔지, 여기서 살 뭣 데가 아니여. 내가 인자 몸 불편하니까 여기서 쉬었다 죽을라고(웃음).

면담자   본래 사시다가 다른 데로 빠져나간 가구는 얼마쯤 되는지 아시나요?

김창관   여… 우에 집 노인들… 하여튼 거의 다 여기서 뭐 했어.

면담자   그럼 좀 질문을 바꿔서, 선생님이 섬 밖으로 나가신 몇십 년 전이랑 지금이랑 비교해서 여기 가구수가 얼마나 바뀌었나요?

김창관   인구수가 상당히 줄었다고 봐야지.

면담자   대충 얼마나 줄었을까요?

김창관   그때는 1, 2구 합쳐가지고 학생 수만 백몇십 명 됐어. 그러나 지금 어린애가 한 사람도 없어.

면담자   아, 지금 있는 국민학교가 폐교되었죠?

김창관   여기가 거 뭣이 원래 분교가 아니라 본교였어. 합쳐서 인구수가 더 많으니까. (면담자 : 컸네요) 컸었어. 지금은 애들이 없어져 버리니까 학교가 당연히 폐교되겠지.

면담자   지금 여기는 학생들은 아무도 없나요?

김창관   교장이고, 선생이고, 학생이고 없어(웃음).

면담자   그럼 그때부터 계속 미역 양식을 주로 하신 거예요?

김창관   그때는 이렇게 미역 양식이 아니라 돌미역만. 몇 년, 몇십 년 전, 한 20년 됐다 하던가? 나도 양식에 대해서 잘 몰라.

면담자   그럼 선생님 부모님 대에는 주로 뭘 하셨어요?

김창관   옛날에는⋯ 여기서 다양하게 뭐 어장 같은 거 할 거 없었어. 그냥 다 우리 아버지 때는 보면은, 좀 더 있으면 저 조기잡이 [하러], 연평도에 노 젓는 배로 거기 다녔대.

면담자   연평도요?

김창관   저 위에지. 저 연평도.

면담자   북한 쪽에 있는 그 연평도요?

김창관   응, 여기서 쭉 가서 서해 쪽.

면담자   여기서 거기까지 가세요?

김창관   응, 연평도 조기라고 말 안 들어봤어요?(웃음)

면담자   이 섬 근처에는 물고기 잡을 만한 게 없어서 거기까지 가신 건가요?

김창관   그때는 이제 아무래도 조기가 이렇게 최고 굵고 그게 그쪽으로. 주낙 같은 것은 인자 했지. 이런 데서도 이렇게 많은 양을 건졌지, 옛날엔 어디서나 물고기가 있어서.

면담자   그럼 그때는 양식 이런 건 없었어요?

김창관   그때는 뭐 누가 양식할 생각도 안 했었고.

면담자   농사짓는 분들도 없었구요?

김창관   여기서는 그냥 고구마, 보리, 그런 건 다 해먹었어. 전부 나이 잡순 노인들이라 쑥도 해서 팔았더만, 쑥전[밭] 덮어놓고 있더만. 지금은 인자 그런 것도 나이 잡숴노니까 못 하고 싹 내렸더라고. [밭을] 놀려놓고 있어.

면담자　　　선생님도 밭을 조금 하신다고 했는데, 거기 뭐 심으셨어요?

김창관　　　귤나무. 귤, 감귤. 인자 제주도 형님 한 분이 계서. [그 형님이] 그래 인자 집 짓는 과정도 보고 온다고 해서 차로 한 100여 그루 싣고 왔어, 귤나무를. 그래 주위 분들 몇 개 주고, 여기도 심고 저기도 심고 해놨어. 그란데 우리는 그런 거에 취미가 없어 갖고 물도 세네 번 줬나? 밤낮 비만 온다니까 '물 주는 건 걱정 없겠지' 했더니, 물 안 줬어. 살았는가, 죽었는가, 과수원이야(웃음).

면담자　　　그럼 이제 과수원을 하시려는 거예요? (김창관 : 아니) 아니면 그냥 취미로 기르시는 거예요?

김창관　　　원래는 몇 그루만 좀 갖다 따 먹는 식으로 할라했더니 동생이 인자 "배도 못 하고 할 거 없으니까 한 그루에 한 박스만 따서 파쇼" 그란데 여기서 어디로 팔갔어? 기를라면 한 3, 4년 될라나? 그 열매 열려면. 아이고, 그 기간도 잘 길러야 '저거이 사는 [것인] 갑다' 하지, 신경을 안 써붕께(웃음). 비료도 줘야 되는데, 뭐 시기를 잘 몰라. 전화해 준다 했는데 전화도 안 하고.

면담자　　　그렇군요. 그럼 2구는 거의 여씨, 장씨 집안 분들이 사시는 거고, 1구는 성씨가 다양하다고 하셨는데 그분들이 다 친족

관계예요?

김창관   다 아까 얘기했잖아요. 여기서 다 결혼해서 결혼해 부니까 그렇게 다 됐어, 옛날에는(웃음). 그러니까 뭐 삼촌 찾고 이모 찾고 다 그래, 여기는. 옛날엔 여기서 어디로 배를… 여기서 한 일주일 있다가도 나가는 거야, 여객선이. 폭우 주의보 내리면 못 가.

면담자   그러면 여기서 제일 어른이라고 해야 하나? 마을 일을 하는 이장이나 이런 자리들은 누가 대체로 하시게 되나요?

김창관   지금 이장님은 저거, 여기 와서 보니까 목사님 사모님이 하시더만.

면담자   네. 그분이 오래 하셨어요?

김창관   이십몇 년 전에 왔는데, 여기는 단 2년 기간이더만, 이장하는 기간이. 그리고 다시 선출하고.

면담자   선출은 어떻게 한다고 그러나요?

김창관   부락에서 인자 하겠지. 투표식으로 하든가, 나는 그런 거 잘 몰라. 어촌계장은 소명영 씨라고 저쪽 여객선 타는 데 그 앞에 그 막사, 거가 막사 있고 안집은 여기 있더만. [전] 어촌계장이 지목을 했대.

면담자   어촌계장도 선출로 뽑나요?

김창관   아, 인자 마을 일을 잘 보는 사람. 아무래도 어민들 협조를 많이 한 사람이 유리하겠지, 어촌계장이니까. 젊은 사람을 또 선택했더만. 예전에는 일흔몇 살? 세넷 됐는가? 그분이 하시니까…
배도 없고, 배 있는 사람이 해야 이 배 과정을 아는데, 어부에 대해
서 그런데, 그 사람 한마디로… 대표 의식이 커. [그래서] 젊은 사람
한 거 같애.

면담자   혹시 유가족분들과는 만나면 주로 식사도 같이 하시
고 그러세요?

김창관   배고프면 먹고, 집에 와서도 먹고. 거기 가서도 저기
옥영 씨 [집] 거기서 주로 많이 생활하더만. 아까 얘기하듯이 참 어린
애 하나 구해줬다고 해가지고, 고마운 뜻으로. 그러니까 그 숙모도
귀찮지, 나이 잡순 사람이라. (면담자 : 어떤 분요?) 옥영 씨 엄마. 맨
날 살다시피 해분께.

면담자   아, 나이가 많으세요?

김창관   칠십 일고여덟 될 거여, 거기.

면담자   미역 채취 못 하는 건 보상이 어떻게 될 거라고 생각
하세요?

김창관   아니, 그러니까 보상이라도, 그러니까 어제 해수부 장
관이 오기로 했는데 안 왔대요. 오늘은 왔는가 몰라요.

면담자   오늘 해수부 장관은 아니고, 진도군수가 왔어요.

김창관   군수만?

면담자   네. 보상받으려면 보험사 쪽에서도 같이 온다면서요?

김창관   응, 거기를 또 부르는 거 같더만.

면담자   여기는 주민들로만 대책위를 구성하시는 건가요? 아니면 마을 회의에서 다 결정하시는 건가요?

김창관   그러니까 아까 얘기했지만 돌미역은 마을 이장이 인자 책임지고. 인제 단체로 다 하겠제, 마을 주민하고 선주들하고.

면담자   그럼 의견들이 1구, 2구가 다 같이 일치해서 하는 건가요?

김창관   그렇지. 그래야… 뭐 여기만 [피해가] 있고 저긴 없겠어? 2구는? 기름이 다 뻥뻥 돌아다닐 거인디. 그러니까 내일 아침, 방금 전화 와갖고 6시 반에 또 방제 작업 나간다고.

면담자   아침 6시 반이지요? 다 같이 나가시나요?

김창관   아니, 두 척 씩.

면담자   그럼 한 척에 여러 명이 타시는 거예요?

김창관   세 명.

면담자   세 명씩. 이제 선생님도 같이 가자고 하시는 거고요.

김창관   나는 인제 거기다 가입했지, 선원으로(웃음). 배에서 함께 일하면은… 저 내가 생각할 때는, 그제 갔었지. 배들 십몇 척이 가서 방제 작업 한다고. 근데 참 형식에 불과해, 내가 딱 보면은. (면담자 : 왜요?) 배가 인자 여기서 유출됐잖아요. 물이 한군데로만 흐르는 게 아니야, 뻥뻥 돌아다녀. 들물[밀물]에는 이쪽으로 가고, 썰물에는 이쪽으로 가고. 그러니까 [방제 펜스가] 인제 미역 양식 있는 근처만 이게 딱 이어진 것이 아니야, 보니까. 딱 이렇게 해놓고 또 요렇게, 요렇게 하고. 이것이 되겠어? 그리고 이 높이가 뭐 큰 절벽도 아니고 부이[부표]가 물에 가라앉아 부러, 물 조류가 세면은. 그러면 그 기름이 그사이로 엄청 막 [흘러가지]. 그래서… 형식에 불과하더라고. 방제선 여섯 척인가 와서 방제 작업 하는데 그거 필요 없어, 많이 흘러버리면은. 그러면 인자 유일하게 또 저기서[세월호에서 기름이] 안 나오면 좋은디, 그걸 대비해서 '한번 가보자' 그 말이여, 내일도.

면담자   방제는 어떤 방식으로 해요?

김창관   부이식으로. 저 호수에 뭐 좀 기름기 있으면은 그런 게 필요하더만. [그런데] 이 파도치는 데는 내가 볼 때는 안 맞겄어.

면담자   부이가 뭔가요? 기름종이 같은 건가요?

김창관   그런 식인디, 그거는 틀려[달라]. 이렇게 띄엄띄엄 있더만, 계속 이어서 한 100미터 되던가? 그리고 인자 두 척이 양쪽 끌고 앙카[닻] 놓고, 중간에 또 앙카 두 개 놓고 그러더만. 나도 처음 해봤어, 그거. 최초로 몇 년 전에 여기 사람들이 했대.

면담자   3년 전 유출 때도 했던 방식인가요?

김창관   네. 했어도… 뭐 형식적으로 했겠지. 내가 볼 때는 저래 갖고 방제 작업이 안 돼.

면담자   방제 작업은 정부에서 하는 것인가요?

김창관   정부서 저거 항께 해수부 장관 와서 보란 이유가 그거였제. 이런 거 하면 뭐 해, 다 흘러넘쳐, 그 사이로도 가고.

면담자   방제 작업하러 나가시는 게 정부에서 하라고 얘기가 나온 건가요?

김창관   해경들도 지금 몇십 명 왔어, 해경.

면담자   그러니까 주민분들이 이제 자체적으로 하는 게 아니라….

김창관   자체적으로 못 혀, 할 수도 없고, 장비도 없었잖아. 장비는 해수부에서 해경들이 갖고 와. 밧줄하고 딱 앙카하고, 그거랑 싹.

면담자   혹시 방제 작업 참여하면 일당은 주나요?

김창관   그러니까 저 일당 받으려고 가지(웃음). 우리가 무슨….

면담자   (웃으며) 일당은 얼마예요?

김창관   모르지, 나도 얼마 몰라(웃음). 많이 받으면 내가 떡 해줄랑께(웃음).

면담자   방제 말고는 지금 다른 대책에 대한 얘기는 없는 거죠?

김창관   우리가 할 수 있는 게 뭐가 있었어? 바라만 보고 있지. 중국 놈들이 다 하고 있어.

면담자   동거차도 주민으로서 생생한 얘기를 많이 해주셨는데, 혹시 추가로 전하고 싶은 말씀이 있으시면 해주세요.

김창관   이제 얘기가 뭐 있겠어, 인자 빨리 [인양]해 갖고 끌고 목포로 가야지, 저 배.

면담자   네, 알겠습니다. 많은 말씀해 주셔서 감사합니다.

동거차도 주민 소명영

2017년 3월 26일

면담자   본 구술증언은 4·16 사건에 대한 참여자들의 경험과 기억을 기록으로 남김으로써 이후 진상 규명 및 역사 기술에 기여하고자 합니다. 지금부터 소명영 씨의 증언을 시작하겠습니다. 오늘은 2017년 3월 26일이며, 장소는 동거차도 최순심 씨 자택입니다. 면담자는 김익한이며, 촬영자는 이민입니다.

2
개인사 소개

면담자   바쁘실 텐데 이렇게 시간 내주셔서 감사드립니다. 우선 간단하게 젊을 때 얘기 해주실까요?

소명영   아, 그 내가 살아온 과정? (면담자 : 예) 여기서 부모 슬하에서 살면서, 이제 부모님 돌아가시고 이렇게 자수성가해서 살고 있어요, 네.

면담자   형제는 어떻게 되시나요?

소명영   우리 형제는 8남매. 각자 인자 다 찢어져서 각 도시에서 살고 있고. 저는 이제 유일하게 여기 남아서 부모님 모시고 있다가 여기 인자 살게 된 거죠.

면담자   부모님은 언제쯤 돌아가셨나요?

소명영   부모님 여의신 지가 아버님은 한 25년 됐고, 어머님은 최근 한 6년 정도… 그렇게 돌아가시고.

면담자   8남매 중에 제일 효자셨네요.

소명영   (웃으며) 효자지. 내가 정이 많은가 봐.

3
동거차도 일반 현황

면담자   그리고 다른 소씨 분들도 여기 많이 살고 계셨어요?

소명영   예. 그 전에는 소씨들이 한 10가구 정도 살다가 일부는 돌아가시고 현재 남은 분들이 한 세 가구.

면담자   그러면 여기는 소씨 분들하고 조씨 분들이 주로 많이 사셨네요.

소명영   뭐 어럿이 섞여 있어요. 조씨, 소씨, 김씨, 이씨, 장씨, 최씨, 정씨. 이렇게 7성으로 이렇게 나뉘어져 갖고.

면담자   원래 제일 많던 성씨는 무엇인가요? 조씨, 소씨가 제일 많았나요?

소명영   조씨. 아니, 소씨는 제일 적고. 거의 뭐 비슷하게 김씨가 많고.

면담자   아, 그래요. 여기가 총 몇 가구입니까?

소명영   여기가, 가만있어 봐. 지금… 그 전에는 60호 정도 됐었는데, 지금은 많이 인제 나이들이 드시다 보니까 노인들이 돌아가시고 빈집이 되다 보니까 폐가로 변해서 정부에서 이제 지원해 주는 돈으로 폐가를 처리를 했고. 지금 거주자는 한… 38호?

면담자   거의 반으로 줄었는데, 언제부터 그렇게 줄었어요?

소명영   계속 차츰차츰 줄고 있죠. 그런데 이제 최근에 한두 사람 젊은 사람이 들어와 갖고 이제 들어와 사는 사람도 있고.

면담자   한 60호 정도 됐을 때가 한 1990년대? (소명영: 그렇죠) 그러다가 90년대 이후에 조금씩 줄어서 현재 38호가 된 거죠? (소명영: 예) 제가 동거차도에 세 번째 오는데, 엄청 아름다운 섬이에요. 그리고 옛날에 인심도 엄청 좋았을 것 같고요. 인심은 어떤가요?

소명영   아, 지금도 뭐 좋죠, 인심은.

면담자   옛날에 비해서는 어떤가요?

소명영   옛날에 비해서는 좀… 서로 이제 격차가, 좀 먹고살 만하니까 약간은 변했다고 봐야죠, 그때보다는.

면담자   혹시 여기도 말하자면 그룹이랄까? 이 사람이랑 이 사람이랑 주로 친하게 지내는 무리가 있나요?

소명영   아, 서로… 아무래도 여기도 이제 이렇게 보이지는 않지만 인자 자기 마음들은 어쩔지는 모르죠. [하지만] 내가 육안으로 봤을 땐 그렇게 크게 뭐 이렇게 다 얘기는 하고 살 정도로 이렇게 지내고 있으니까. 그렇게 크게 '누가 이렇게 느끼게크롬은 안 살고 있구나' 이제 그런 걸 느끼죠.

면담자   지금 남편 잃은 분이나 자식 잃은 분이 꽤 있으십니까?

소명영   그렇죠. 일찍들 돌아가셔서.

면담자   어촌이라서 배 사고라든지 이런 것도 있었을 수 있고요.

소명영   배 사고도 있고, 이제 뭐 지병으로 돌아가시고… 그런 분도 많이 계시고.

면담자   배 사고를 당하신 분이 꽤 여러 분 있을 것 같은데요?

소명영   배 사고가 여기가 한… 꽤 오래됐는데, 한 30년이 넘었죠. 이때 대형 사고가, 뭐 어선이 전복돼 가지고 일가족 전체를 잃은 것도 여기고.

면담자   여기 최순심 할머니 댁도 그러면?

소명영   거기에서 사고를 당하고. (면담자 : 아, 그 어르신도) 그 배에서 형제간들이 다 돌아가셨어. 여기 할머니도 거기서 남편 죽고.

면담자   그러니까 여기 최 할머니의 형제들도….

소명영   형제들이 다 돌아가시고, 같이 돌아가셨어, 배에서.

면담자   그때 몇 분이나 돌아가셨어요?

소명영   이제 거기 형제 중에 한… 몇 명이 됐어. 근데 지금 현재 그 배에서 다 돌아가셔서 한 명만, 지금 한 분만 여[기] 살아 계셔. 이제 그 양반이 또 배 선주였는데, 그때 당시.

면담자   그러면 현재 여기 [동거차도] 1구만 볼 때는 연령분포가 어떻습니까?

소명영   60대 이상이 한 절반 넘는다고 봐야죠.

면담자   그럼 젊은 사람들은요?

소명영   젊은 사람들은 그다지, 뭐 3분의 1 정도?

면담자   20대, 30대도 있어요?

소명영   20대는 없고 거의 다 40대, 50대.

면담자   그러면 자제분들이나 젊은 사람들은 목포나 도시로 나가는 경우가 많겠네요?

소명영   네, 생활권이 이제 목포니까, 우리들은.

면담자   알겠습니다. 그리고 여기는 여성분이 더 많으세요? 일반적으로 어촌은 여성분들이 조금 더 많은 경향이 있거든요.

소명영   반반 보면 돼요, 반반.

면담자   여기는 반반 정도. (소명영 : 반반 정도) 그럼 동거차도는 큰 배 사고가 최근에는 없었고, (소명영 : 없었죠) 남녀 비율은 대체로 비슷한 그런 상태네요. (소명영 : 예) 그리고 총 38호 중에서 선주들이 몇 분 정도 되나요?

소명영   선주가 한 일곱 분.

면담자   선주가 좀 잘사는 분들이네요.

소명영   이제 거의 선주들이 벌어서 마을 사람[들과] 같이 일을 하면서 더불어서 사는 거여, 거기서 일을 해서 이렇게 노동의 대가를 이렇게 받고.

면담자   미역 양식장을 소유하신 분도 계시고 또 일하시는 분도 계실 텐데, 미역 양식장 소유주가 몇 분 정도 되시나요?

소명영   소유주가 여섯 사람.

면담자   그러니까 선주라 함은 (소명영 : 그 사람들이 하는 거고) 양식장을 소유하고 그다음에 작은 배를 가지고 수확하는 것이겠네요? (소명영 : 그렇죠) 알겠습니다. 그리고 동거차도의 경제 수준은 다른 데 비해서 어느 정도 되나요?

소명영   예전에도 여기가 "돈거차"라고 불렸어요, 명칭이. 그렇게 부유하고 돈벌이가 좋다 보니까 이렇게 사람도 많이 살고. 최근 들어서는 그런… 인자 모든 자연이 고갈이 되니까, 어업권이라든지. 그러다 보니까 어가 수도 줄고, 이제 나이도 들고 연세 든 분도 계시니 인자 힘드니까 못 하고. 인자 자식들이 이어받고 하는 사람도 있지만은 그렇지 못하면은 정부에서 감척을 시켜요, 배 허가를 줄이기 위해서, 어획 고갈로 인해서. 그런 거 때문에 많이 줄어들고.

면담자   그러니까 여기가 돈벌이가 좋았던 것은 역시 미역 양식 때문인가요?

소명영   멸치, 그때는 주로 멸치 어장. 그걸로 크게 여가 아주 마을이 돈을 많이 벌고 그랬거든.

면담자   그럼 멸치가 안 잡힌 지가 어느 정도 됐나요?

소명영   멸치 안 잡힌 지가 그게… 한 7, 8년 정도 된 거 같은데.

면담자   아, 얼마 전까지만 해도 (소명영 : 예) 멸치잡이를 많이 하셨네요?

소명영   갈수록 안 잡히지, 멸치가.

면담자   아직도 약간은 멸치잡이도 하고 그러시나요?

소명영   잡기는 잡는데… 멸치를 이렇게 인자 막, 그때에 비해서는 뭐 한 5분의 1이랄까? 이런 정도.

면담자   많이 줄었네요. (소명영 : 예) 그러니까 멸치잡이가 위주였다가, 이제는 멸치잡이가 좀 줄고 미역 양식 쪽으로 가신 거네요.

소명영   그때 당시는 멸치가 본업이었는데, 그거 인자 어획 고갈이 되다 보니까 미역 양식이 본업이 되고 멸치는 인자 부업이 된 거죠, 그렇죠.

면담자   전체 양식장은 어느 정도 규모인가요?

소명영   50헥타[르]에서 이렇게 인자 하고 있는데, 그걸 어가당 그렇게 다 나눠갖고. 50헥타면 얼마 되겠어요?

면담자   현재 동거차도의 주민들이 하는 양식 전체가 50헥타르라는 뜻이군요? (소명영 : 예) 그게 다 공동 어장이고? (소명영 : 예, 공동 어장) 물론 관리권이 나뉘어져는 있지만 개인소유로 따로 있는 건 없고요? (소명영 : 없죠) 그게 1. 2구 합쳐서 그렇습니까?

소명영	예, 다 공동.

면담자	알겠습니다. 그리고 종교도 좀 여쭐까요. 계장님은 교

회 다니시나요?

소명영	안 가.

면담자	교회 나가시는 분이 어느 정도 돼요?

소명영	여기 거의 마을 사람들이 3분의 2는 다 교회 나가고

있어요.

면담자	그러면 거의 한 20가구 (소명영 : 그렇죠) 정도 나간다

고 봐야겠네요. 1구하고 2구가 지리적으로 떨어져 있으니까 여쭤보
는데, 2구는 무슨 성씨가 많다든지, 다른 특징이 있습니까?

소명영	2구는 특징이 여씨가 많아, 여씨. 거기도 인자 구분이

되어 있는데 장씨, 여씨가 거의 뭐 3분의 2 정도.

면담자	그리고 현재는 1구, 2구가 합쳐서 공동 양식장에서 작

업을 같이 하시고요.

소명영	인자 공동 양식장인데 또 2구는 면허가 따로 있고 그

래요. 그런데 어떻게 보면 인자 [같은] 우리 어촌계 산하죠. 여긴 법
인 어촌계고 거기는 인자 우리의 산하. 우리는 저 쉽게 말해서 우리,
내가 이렇게 지시를 해서 따르는 부분이고. 인자 분류만 해갖고 "너
그들 어촌계 세워놓고 너그 일은 너그가 봐라". 인자 큰 행정적이나
그런 것은 제가 처리를 해서 이렇게 하고 공유를 하는 거죠.

면담자   예. 혹시 1, 2구가 살짝 다투거나 그런 일은 없었어요?

소명영   아이고, 사이좋아요(웃음).

면담자   여기가 이제 행정상으로는 하나의 리[理]로 되니까, (소명영 : 그렇죠) 이장은 하나인가요?

소명영   아, 2구도 있어.

면담자   1구 이장, 2구 이장 이렇게 나뉘어져 있어요?

소명영   예, 우리가 분리가 되어 있어요. 어찌 한꺼번에 이제 행정 일을 못 봐. 볼라면 힘드니까 이렇게 분리를 시켜놓은 거야.

면담자   그럼 어촌계는 법인 어촌계를 동거차도가 하나 가지고 있고, 2구도 이 법인 어촌계 산하 조직처럼 되어 있는 상태고, 행정구는 1구, 2구가 나뉘어 있고, 이장도 두 분인 상태네요. 이장님이 누구세요?

소명영   여성일.

면담자   여성일 씨는 2구 이장님이고요?

소명영   2구지.

면담자   1구는요?

소명영   1구는 임옥순, 여자분.

면담자   교회 사모님이시군요. 알겠습니다. 그 정도면 전체 상황을 좀 알 수 있을 것 같고요. 여기는 여름에 엄청 덥습니까?

소명영   가면 갈수록 더 덥소.

면담자   외지에서 여기로 낚시도 많이 왔다는 얘기를 제가 어디서 들은 것 같은데요.

소명영   예, 낚시도 겨울에는 많이 와요.

면담자   아, 지금도요?

소명영   지금은 안 오고 한 9월 달쯤부터 한 12월 달까지, 여기 감성돔 잡을라고.

면담자   (웃으며) 감성돔 좋네요. 저도 한번 잡아볼까요?

소명영   낚싯대 갖고 오슈(웃음).

4
참사 당시 상황

면담자   이제 세월호 참사 이야기하고 동거차도 마을 이야기를 조금 엮어서 같이 여쭤보겠습니다. 2014년 4월 16일에 마을에서 참사 소식을 누가 제일 먼저 들었나요?

소명영   우리… 저 해경에서 인자 어민들한테 제일 먼저 연락이 왔더라고.

면담자   직접 전화가 왔나요?

소명영   직접 전화로. 그래 가지고 이장 통해서 이렇게 해갖고.

면담자　　　예. 이장님이 그럼 어떻게, 방송을 하셨습니까? (소명영 : 방송하고) 그게 언제쯤인지 기억하세요? (소명영 : 방송?) 예, 이장님 방송 나온 게.

소명영　　　오전에.

면담자　　　오전에 시간이 언제쯤입니까? 8시쯤이었는지, 9시 혹은 10시쯤이었는지요?

소명영　　　그때 배가 넘어져 갖고 떠오더라고. 그 배를 보고 우리들이 먼저 갔죠, 현장으로. 그런데 그 방송이, 그 이장한테 [소식이] 늦게 갔던지 어쩐지 그건 잘 모르겠고.

면담자　　　그러면 이장님이 동네에서 방송하기 전에 먼저 배가 넘어간 거를 육안으로 확인하고 (소명영 : 그렇죠) 나가신 거네요?

소명영　　　예, 해경에 연락받고 나가니까 벌써 배가 이 옆으로, 인자 45도 각도로 이렇게 기울어져 갖고 떠 있더라고.

면담자　　　그때 몇 분이나 나가셨어요? 선주분들은 다 나가셨나요?

소명영　　　그렇죠, 배들 다 나갔죠, 1, 2구 그 사람들이.

면담자　　　그러면 12척 정도?

소명영　　　그렇죠, 12척 정도.

면담자　　　선주들은 한 사람도 빼지 않고 다 나갔어요?

소명영　　　예, 그리고 서거차에서도 왔고.

면담자   서거차에서도. 그러니까 동거차서는 12척이 다 나간
거네요?

소명영   그러고 조금 있으니까 이제 조도면 전체에서 다 배들
이 다 왔더라고.

면담자   그럼 계장님께서도 배 몰고 나가서 가지고 그 상황을
보셨겠네요? (소명영 : 예) 여기에서는 아이들을 건지고 하신 분들이
몇 분쯤 계세요?

소명영   아, 여기서 인자 아이들 구조한 분은, 해경이 저지를
하니까 못 했고. 저거 인자 진도군 행정선 아래로 구조했고. 우리들
은 배가 크니까 [못 하고], 저 조도면에 그 쪼그만 선외기가 [배가] 낮
으니까 이렇게 들어가서 또 구조를 하고 그라더라고. 그라고 그 후
로는 저지를 하니까, 해경이 위험하다고. [그래서] 접근을 못 하고…
상황을 지켜보고 있었던 거지.

면담자   사실 지금 말씀이 중요한 얘긴데, 배가 넘어간 걸 보
고 밖으로 탈출하는 아이들을 건져야 되는데, (소명영 : 예) 현장에
도착을 해보니까 '해경이 저지를 해서 접근하지 못하는 상황이다'
(소명영 : 예) 이런 말씀이세요. 해경이 어떻게 배를 저지했습니까?

소명영   그거는 잘 모르겠는데….

면담자   배로 연락이 왔어요?

소명영   아니, 해경이… 인자 해경이 우리 어민들보다 늦게 도
착을 했지, 현장을. 어민들이 거기서 그걸 지켜보고 있는데 해경이

연락받고 이렇게 한참 있다가 해경 배가 오더라고. 123정인가? 목포
해경? (면담자 : 예, 123정) 예, 그 배들이 와서 이제 어선들 위험하다
고, 접근하지 말라고 그렇게 통제를. (면담자 : 마이크로?) 예, 인자 헬
기로 특전사들 내려와 갖고 배로 올라가서 구조를… 조금 한 것 같
애요.

면담자　　　그러면은 계속 바라만 보고 계시다가 어느 시점엔가
철수를 하셨겠네요?

소명영　　　밤이 되면 인자 들어오고. 그 전까지는 거기서, 주위에
서 인자… 혹시라도 애들이 물로, 곁으로 나올까 봐… 인양할라고.

면담자　　　16일 날 당일 나가시고 17일 날은 다시 나가지는 않으
셨겠네요?

소명영　　　계속 나갔죠.

면담자　　　아, 계속 나가셨어요?

소명영　　　예예, 배가 인자 완전히 침몰해서 바닷속으로 가라앉
을 때까지 그때까지도 나갔죠.

면담자　　　아, 그러셨구나. 여기 차씨 할머니네 댁 분이 문지성
이라는 아이를 발견을 하셨죠?

소명영　　　지금… 인자 이런 상황이었는데, 그때 기름이 양식장
으로 유입되니까 오일펜스를 해경에서 설치를 하는 중이었어요. 그
래 갖고 인자 불러서, 조류가 세다 보니까 [앵커가] 위치에서 이탈을
하면 다시 앙카를 캐서 다시 그 자리에다 놓을라고 인자 앙카를 캐

다 보니까 그 애가 걸려 나온 거예요.

면담자   예, 차씨 할머니 댁 그 아드님이 그래서 그 이후에도 굉장히 힘드셨다고 하는 것 같더라고요.

소명영   아, 그 후로 그렇게 후유증에 조금. 그 상황을 떠올리면 인자 누구라도 술에 의존을 하고, 인자 그걸 잊기 위해서. 많이 힘들었을 거예요.

5
어민 피해와 보상 현황

면담자   참사 이후 동거차도 주민들도 마음들이 많이 힘드셨을 것 같습니다. 그런데 또 한편으로는 배가 넘어지면서 바로 기름 유출이 되니까 (소명영 : 그렇죠) 그때부터 벌써 미역 피해도 입었을 거 아니에요?

소명영   지금까지 피해를 보고 있다니까.

면담자   그러니까요. 4월 16일 당일부터 시작해서 벌써 기름 유출 때문에 미역이 타격을 받았겠네요. (소명영 : 타격받았죠) 그래서 2014년은 아예 수확이 불가능했었고요.

소명영   아예 손 못 대고, 그때는.

면담자   제가 보상 관련 이야기를 꺼내기가 조금 어려운데, 그래도 그 이야기를 확인을 해야 돼서 여쭤보겠습니다. 2014년 당시

보상 체계는 어떻게 됐습니까?

소명영　　　보상 체계가 잘못돼 가지고, 우리들이 청구한 금액의 10분의 2 정도밖에 못 받았어요.

면담자　　　무엇 무엇을 청구했습니까?

소명영　　　미역 양식하고, 마을 공동 작업하고 딱 두 가지 이렇게 했죠.

면담자　　　아, 수색을 위해서 배 타고 나간 것에 대한 보상 청구는 안 하셨고요?

소명영　　　그런 거는 인자 수색을, 이렇게 우리들은 인자… 그런 거는 보상은 안 들어갔는데, 그걸 "너그들이 할 게 없으니까[어민들이 수확을 할 수 없으니까 어민들을] 수색을 동원을 시켜서 해라" 했던 그런 것마저 우리 보상금에서 다 삭감을 해버리더라고.

면담자　　　수색에 동원한다는 건 어떻게 연락이 왔습니까?

소명영　　　해경에 저희들이 요청을 했죠. "우리들도 수색에 동원을 해줘라". 그때는 뭐 할 일이 없으니까 소일거리라도, 용돈벌이라도 해야 되니까, 마냥 놓고 놀 수는 없어서 인자 그것을 했는데, 그것마저 우리 보상금에서 다 까버리고 이렇게 공제를 하고 보상을 하고.

면담자　　　해경에 수색 요청을 하신 건 16일 당일 날 그렇게 하기는 어려웠을 것 같고, 다음 날이나 그다음 날쯤 됐겠네요?

소명영　　　아니요. 한참 있다 했죠, 며칠 있다가.

면담자　　　그리고 실제로 배를 타고 세월호 주변으로 수색을 나가신 건 최소한 열흘 정도는 나가셨던 거죠? (소명영 : 그렇죠) 그런데 그 열흘 동안 수색을 나간 제반 비용도 결국은 보상을 전혀 받지 못한 이런 상황이었네요? 이런 걸 여쭤보기 그렇지만 한 배당 대체로 어느 정도 손실을 봤다고 보셔요? 배를 사용하는 인건비와 유류비 이런 것들이요.

소명영　　　유류대… 그렇게 따지면 계산하기 곤란하고. 우리들이 실질적으로 미역을 채취하다 보면, 인자 금액만 갖고 얘기할게요. 한 3월 말부터 시작을 하면 6월 초에 끝나는데, 그 시기 안에 버는 액수가 아무래도 좀 잘되는 사람은 1억 한 2, 3000[만 원] 정도 그렇게 소득을 내고 있고, 거기쯤에서 조금 비슷하게 이렇게 벌고 있는데, 거기서 10분의 1이라면 얼마겠소, 계산을 해보면? 한 8분의 1? 10분의 2 정도. 한 2000만 원이나 그 선에서. 그렇게 보상을 못 받아서 소송 중에 있는 사람도 있고.

면담자　　　어촌계 안에서도 개인당 관리 면적이 조금씩 다르죠?

소명영　　　예, 그런데 차이는 그렇게 많이 차이는 안 나고, 여기는 거의 다 비슷해요.

면담자　　　그럼 1인당 보통 1억이면 아까 12가구라고 그랬으니까 10억 이상 (소명영 : 그렇죠) 어촌계에서는 수익이 있는데, 그 10억이 다 날아가 버렸네요. (소명영 : 날아가 부렸죠) 전체 보상 금액은 실제로는 2억 정도 됐고, (소명영 : 그렇죠) 그걸 소유 면적에 따라서 나누면 어떤 사람은 2000만 원, 어떤 사람은 1700만 원, 이런 식으로 나뉘었겠네요? (소명영 : 그렇죠) 보상이 그렇게 된 그 이유가 뭐였어요?

소명영   이유를 어떻게 알겠소. 뭐 67프로라는 제경비를 갖다 가 공제를 해버리고 나니까 인자 그런 현상이 일어났는데, 예를 들어 1억이면 67프로를 떼버리면 6700, 남은 3300[만 원]이 이제 우리 소득으로[보상으로] 돌아오는데, 그런 식으로 되어갖고.

면담자   예를 들어서 미역 양식을 하기 위해서 계장님이 소유 한 부분에 투자를 하실 거 아니에요?

소명영   그렇죠. 그런 것이 제경비예요.

면담자   그러니까 예를 들어서 우리가 2000만 원을 투자해서 판매했더니 1억이 들어왔다면 순이익으로 8000만 원이 나오는 거 죠. 그러면 보통 개념으로는 8000만 원의 보상을 받으셔야 되는 거 아닙니까? 그런데 제경비가 67프로면 행정기관에서는 순이익이 1억 이 안 나온다고 봤다는 얘기예요. (소명영 : 그렇죠) 행정기관에서는 '여기서는 실수익이 3000만 원 정도밖에 안 나오는 거니까 1년간의 실수익을 보상한다면 3000만 원이 맞다' 이렇게 주장했다는 거네요? 그런데 제경비가 67프로라는 근거는 어디 있어요?

소명영   없어요, 제경비라는 게. 그란께 현재로서 우리들이 시 설을 하는 시설비, 그라고 따라다니는 종업원들, 종사자들 인건비 그런 거를 다 제경비로 정부에서 이렇게 공제하는 거여. 그러면 우 리를 줘야 될 것 아닙니까? 우리가 벌어서 주니까. 그런 것을 정부에 서 다 공제를 하고. 우리가 인자 로프라든지, 앙카라든지 인자 고정으로 [설치]해 놓고 여따[여기다] 미역 [양식] 시설을 하는데, 심지어 그것까지 이렇게 제경비로 다 공제를 하고… 이렇게 된 상황이요.

면담자   선주분들 말고도 고용돼서 노동하는 분들도 있잖아요. (소명영 : 예) 그분들의 피해도 컸을 거 같아요.

소명영   그렇죠. 거기서 다 벌어 먹고살고 그랬었는데요.

면담자   사실은 선주가 12가구면 주민의 3분의 2 정도는 선주가 아닌 거예요. 그러면 그분들은 뭘 먹고산다는 거예요?

소명영   망연자실, 뭐 할 것이 있어야죠. (면담자 : 동거차도에서?) 예. 양식 손 떼어버리고, 멸치 어장 못 해버리고 그럼 뭐 할 것이여? 마냥 놀고. 그라고 인자 무슨 일거리라고 공공사업, 근로사업이라고 해가지고 마을에다가 [지원한] 이런 리어카라든지, 낫, 심지어 이런 거 뭐 팔 토시, 장갑 같은 것도, 심지어 그런 것도 다 공제해서 빠져나가 버리고, 보상에서. 그런 것도 공제를 해버리고, 정부에서 그렇게.

면담자   실제로 선주의 피해도 컸고, 일반 양식업 노동만 하셨던 분들은 2014년부터는 생계가 막막했겠네요.

소명영   막막했죠. 그나마 참 이번에 인자 금년에 또 [미역] 작황이 좋아 갖고 그나마 인자 딱 [수확]할라니까 또 기름이 유출이 돼 갖고 사람 애를 멕이고.

면담자   보상 관련해서 소송을 건 가구는 몇 가구쯤 됩니까?

소명영   한 여섯 가구.

면담자   1구에서는?

소명영   1구에서 한 사람.

면담자   1구에서 한 사람이고, 2구가 다섯. 2구가 주로 많이 하셨네요. 2구가 젊은 사람이 더 많아서 소송을 더 많이 한 건가요?

소명영   아니, 다 똑같아요, 젊은 사람. 우리들은 인자 일부 보상을 이렇게 주니까 "아유, 그거라도 받을란다" 하고 그냥 귀찮으니까 마무리해 버렸고. 그 사람들은 인자 [보상금이] 제로로 나온 사람들 있고, 뭐 몇백이고 그러다 보니까 인자 그것 받고 되겠어요? 그래 갖고 이제 소송으로 가고, 변호사 선임해서.

면담자   양식장에 고용돼서 노동만 하셨던 분들은 생계를 유지할 수 있는 노동을 못 하게 됐잖아요. 그런데 그것에 대해서는 어떤 보상을 요구하지 않았나 보죠?

소명영   안 했어요. 참 그때 심정은… 그 참 애들이 없어지고 실종자들이나 그런 사람들을 생각하니까, 우리들은 "진짜 죽은 사람도 있는데 이것 돈을 논해서 쓰겠냐? 해결된 뒤로 하자" 하고 인자 미뤘던 게, 결국 우리한테 이렇게 불이익이 올 줄은 몰랐죠.

면담자   2015년에는 일단 기름이 걷혀졌으니까 그때는 미역이 가능했습니까?

소명영   예, 하긴 했는데, 이미 이렇게 매스컴이 타다 보니까 인자 우리 미역들 판매가 차질이 많았죠.

면담자   2015년의 실제 수익은 평년에 비해서 어느 정도 됐어요?

소명영   아, 반절 정도나 차이 나고 그렇게….

면담자   세월호 참사 이전 같으면 1억을 벌었던 사람이 5000밖에 못 번 상황이 됐군요?

소명영   예. 작황도 안 좋고, 뭐 이상하게 미역이 길다가[자라다가] 저절로 이렇게 줄에서 빠져가지고 지탱을 못 하고 이렇게 자연히 썩거나 떨어져 나가버리고. 작년에도 그렇고, 재작년에도 그랬고.

면담자   그러니까 2년 동안은 양식을 해도 작황이 썩 좋지 않고 (소명영 : 예예) 판매가 쉽지 않았다는 말씀이군요.

소명영   가격도 안 좋고.

면담자   예, 올해 작황이 좋아서 기대를 했는데 엊그저께 기름 유출 사고로 다시 미역들을 쓸 수 없는 상태가 된 거군요. 이제 당장 먹고살 게 없으니까 마을 분위기가 안 좋아졌을 것 같은데, 계장님 입장에서 보시기에 어땠어요?

소명영   아, 각자 심정이 심정이겠어? 각자 다 걱정이 태산인데, 지금. 근데 어떻게 하겠어요. 속은 썩고 있어도 겉으로는 기냥 웃고 다니는 거죠.

면담자   그러니까 노동자들은 당장 생계가 없잖아요.

소명영   예, 큰일 났소, 인자. 누구든지, 노동자뿐만 아니라 어민들도 다 똑같이 지금 걱정을 하고 있는데. 여기 또 갯바위[에서], 인자 일종[의] 마을업이라 해갖고 어민 전체가 공동으로 채취를 해서 분배를 해서 이렇게 생산을 하는데, 그것마저 기름유출이 돼갖고 또 팔아먹지도 못하게 생기니까 막막한 심정이라.

면담자 갯바위가 뭡니까?

소명영 바위, 자연산. 바위 위에 인자 자연산 미역이, 그 톳이
랄까 그게 자라고 있는데.

면담자 아, 돌미역이라고 하는 것이요?

소명영 돌미역, 자연산 돌미역. 그런 것도 인자 뭐 이런 상황
이 되면 14년에도 그랬듯이 금년에도 또 틀렸어요.

6
세월호 인양과 기름유출

면담자 예, 알겠습니다. 그리고 세월호 인양에서 발생한 기름
유출에 대해서 여쭙겠습니다. 기름유출이 왜 일어났다고 보세요?
'이번에는 막을 수 있었을 텐데' 이런 생각은 안 하셨습니까?

소명영 아니, 우리들은 [기름을] 다 뺐다고 그렇게 예상을 했었
는데, 인자 그거를 올리다 보니까 [기름이 유출됐죠]. 그러니까 '기름
잔해를 제거를 다 못 하고 인양을 한 것 아니냐' 다 그렇게 판단을 하
죠. 현실적으로 지금 답이 나온 거 아니요, 지금.

면담자 그러면 말하자면 기름유출을 한 사람들이 보상을 해
야 될 것 아닙니까? 누구의 책임이라고 보세요?

소명영 주 책임을 어제 우리들이 인자 답을 얻었어요, 어제

회의를 해서(한숨). 그 관계자가 이제 인정하는 부분, 해수부 양식과 장님께서 오셔서 "이렇게 우리가 계약을 할 때 양식 부분이나 모든 기름유출 이런 것을 조항을 다 넣어서 이렇게 보험계약 체결을 했답니다" [하더라고요]. 해수부에서 제시를 했답니다, 그 업체한테. 아, 그런데 처음에는 발뺌을 하더라고요. 서로 떠넘길려고, 중국 측에서. 그러다 어제는 실토를 하대요.

면담자   그러면 지금 말씀을 정리해 보자면 해수부에서 상하이 샐비지하고 보험계약을 맺었기 때문에, (소명영 : 예예) 현재 기름유출 사고가 발생한 것에 대한 경제적 보상 책임은 상하이샐비지에 있고, (소명영 : 상하이샐비지, 예) 상하이샐비지가 가입한 보험회사에서 동거차도 어민들에게 보상을 하는 것으로 결론이 났다는 얘기네요?

소명영   지금 현재로는 그렇게 돼 있어요.

면담자   일반적으로는 이제 그렇게 하면 보험금 집행이 굉장히 늦어지고, (소명영 : 그거는 몇 년이 걸릴지 모르겠고) 그다음에 보상액도 굉장히 줄어들 가능성이 있다고 보통 이런 우려를 하지 않습니까? 계장님 생각은 어떠세요?

소명영   그래서 인자 그것을 막기 위해서 오늘 저 진도에서도 수산계 관계자하고 뭔 샐비지? (면담자 : 상하이샐비지) 상하이샐비지 거기 관계자하고 지금 거의 협상 손해[보험]사를 선정을 했는가 봐요. 전에 우리 했던 [곳], 아주 그냥 생각하기도 싫은데. 거기서 인제 미팅을 할라다가 "취소가 됐다"고, 현장이 급해서. 그래서 저희들은 지금 그랍니다. 우리들은 "자, 협상 손해사가 오면, 군수님과 수산관계자하고 같이 오셔서 협상 매듭을 지어줘라. 우리는 절대 손해사정 에 따라, 우리 손해사정 하는 대로는 못 가겠다" 그래서 단정하게 어 민들이 이것을 못을 박고, 그렇지 않고 이것을 손해사정으로 넘긴다 면 저희들이 인자 그때는 뒷감당[을] 자기들이 하기 힘들 거예요. 저 배 가로막고 해상 시위라도 벌여야죠, 그렇게 이제 계획이 되어 있 어요.

면담자   어저께 해상 시위 나가신 것 같던데, 몇 척이나 나갔 어요?

소명영   아닙니다. 한번 인자 동태만 보고 온 거죠.

면담자   본격적으로 해상 시위를 하신 건 아니고요.

소명영   아니에요. [아직] 하지 않고.

면담자   이제 거의 마무리 말씀 좀 드리려고 하는데요. 이런 일이 발생하면 정부에서는, 그러니까 구체적으로는 진도군 그리고 해양수산부에서는 어떤 역할을 해야 된다고 보십니까?

소명영   제일 먼저 자기들이 앞장서서 어민들한테 이렇게 피 해를 최소화할 수 있도록 뭐를 해야 된다고 그렇게 알고 있었거든 요. 그란데, 아무튼 군수님이 오셔서 저희들한테 인자 안도해 주시 게코롬 설명도 해주셨고, 그 해수부 관계자나 상하이샐비지한테 지 금 많은 지시를 하더라고요. 그래서 인자 군청에서도 어제 밤늦게까 지, 여기서 늦게 갔습니다만, 밤 10시 넘도록까지. 수산부에 우리들 의 자료[를] 인자 보고하고, 거기서 인자 전화도 오고 그랬더라고요.

동거차도 주민 소명영

많이 신경을 쓰고 있어요, 지금.

면담자   예. '해양수산부하고 군에서 긴급생계자금 지원 등을 해주면 좋겠다'는 생각은 안 하세요?

소명영   인자 이게 보험이, 우리가 보상이 길어지다 보면은 막막하잖아요. 당장에 생활비도 들어가야 되고, 자식들 학비하고 생활비하고. 그때 막막한 심정인데 '그것을 인자 어떻게 대처를 할까' 우리들이 그것도 논의 중이고. 특별자금을 더 요청을 하든지… 이제 하기로 그렇게 좀 생각들을 갖고 있고, 그렇게 될지 안 될지는 모르겠지만, 그렇게 하고 있습니다.

면담자   이장님하고는 잘 협조되세요? (소명영 : 예) 혹시나 이장님 입장과 어촌계장님 입장이 다를 수가 있는데 그렇지는 않으시고요?

소명영   같이 가요, 같이.

면담자   잘 같이 가고 계신 거죠?

소명영   잘 같이 가고 있어요. 예, 한목소리로.

면담자   그리고 아까도 제가 잠깐 말씀을 드렸습니다만, 이런 일이 발생하면 어촌계의 선주 12가구하고 노동하시는 다른 가구가 좀 입장이 다를 수 있고, 일부 다른 가구에서 어촌계장님이 처리하시는 방식에 대해서 불만도 있을 수 있는데, 그런 건 혹시 없으셨나요?

소명영   아, 그런 건 없어요, 그런 건 없어요.

면담자   워낙 잘하시니까. (웃음)

소명영   아니, 그냥 있는 그대로 하니까.

면담자   예, 알겠습니다. 마지막으로, 세월호 참사가 일어난 지 지금 3년째거든요. 워낙 경제적 피해를 많이 보셨기 때문에 세월호 참사에 대한 심경이나 소회를 여쭙겠습니다. 지금 세월호가 인양되는 걸 보시면서 어떤 생각이 드시나요?

소명영   아, 진짜… 그랑께 우리[는] 생각을 하기를 '인자 인양이 잘돼서 참… 우리도 기분이 좋고, 기다리는 사람들도 좋고, 그랬으면 참 [좋겠다]. 우리 양식에도 피해가 전혀 없이 이랬으면 얼마나 좋았을까'. 그란데 이렇게 안일하게 또 여운을 또 남겨놓고 세월호[가] 인양이 되니까, 그것 참…. 그렇게 기뻐할 수가 없어요, 심정이.

면담자   바쁘신 와중에 시간 내주셔서 감사드립니다. 말씀해 주신 그 중요한 내용들을 저희가 잘 보존을 해서 후대에서 우리 동거차도 주민들이 세월호 참사와 관련해서 그리고 인양 시점에 어떤 생각을 하고 계셨는지를 잘 전할 수 있도록 그렇게 저희가 일을 하겠습니다.

소명영   예예. 말이 맞았나 모르겠소.

면담자   긴 시간 감사합니다.

동거차도 주민 여남수

2017년 3월 25일

1
시작 인사말

면담자   본 구술증언은 4·16 사건에 대한 참여자들의 경험과 기억을 기록으로 남김으로써 이후 진상 규명 및 역사 기술에 기여하고자 합니다. 지금부터 여남수 씨의 증언을 시작하겠습니다. 오늘은 2017년 3월 25일이며, 장소는 동거차도 여남수 씨 자택입니다. 면담자는 장원아이며, 촬영자는 강재성입니다.

2
기름유출과 피해보상에 대한 논의

면담자   먼저 첫 질문으로, 지금 세월호 인양으로 동거차도 어민들이 정신이 없잖아요. 조금 전에 마을회관에서 모이셨는데 어떤 얘기가 있었는지부터 여쭤봐도 될까요?

여남수   뛰어가 갖고 잘 듣지도 못했는데, 이번에 [기름유출] 사고, 그것을 인자 잘 처리하기 위해서 좀 주민들이, 양식 어업 하는 사람들이 어느 정도 보상을 받기 위한 그런 얘기를 했겠죠. 별다른 얘기가 없었는 건 분명하고.

면담자   지금 인양하면서 기름유출이 된 거죠?

여남수   아, 인양하면서겠지. 인양 전에는 조금씩 보일 듯 말 듯했던 것이 인양하면서 어디가 좀 터져 나왔든지 뭣이 굴렀든지,

기름이 탁 터져부렸다고 봐야지.

면담자　　언제 기름이 터진 건가요?

여남수　　어제 아침에나, 하여튼 밤에 하여튼 터졌을 거요. 그랑께 아침에 그걸 발견하고 인자 여 다 나가봤는디. 가만있어 봐, 어제… 그제 아침에 기름 뜬, 그제 아침이었지? 그제 아침이었을 거여.

면담자　　그래서 듣기로는 어제도 1구 앞에서 주민분들이 해상 시위를 나가신다고 그러시더라고요.

여남수　　아, 해상 시위 나간다는 것은, 내가 알기로는 인자 그 보상을 받을 때, 작년에 해보니까 보상이란 게 그렇게 힘든 거여. 저것이 백 있고, 뭐 권력 있는 사람은 간단하겠지만 참말로 우리 같은 사람들은 보상받기가 그렇게 힘든 것이 아니더라고. 그랑께 '배를 끌고 가기[세월호 인양] 전에 보상을 하고 가져가라' 그 얘기야. 그 얘긴데, 그것도 또 안 맞는 이야기제. 그래서 내가 그랬어. 시위 나간다는 건 그런 것을 의미했던 거 같어.

면담자　　선생님은 안 나가시고 다른 분들이 나가셨어요?

여남수　　나는 나이가 몇 살인데 거기 나가서 그 짓거리 하고 있어? 젊은 사람들이 나갔어. (면담자 : 혹시 아드님도?) 어제 나갔어.

면담자　　아, 나가셨어요? 그래서 아까 마을회관에 진도군수가 왔던 거 아닌가요? (여남수 : 아, 군수 왔지) 진도군수가 와서 뭐라고 했나요?

여남수 　　　보면 인자 어떻게 먼젓번[2014년 당시] 같이는 안 하고,
전부 그 [매출] 자료가 다 나와본게 이걸 개인별로 하기는 참으로 힘
들고, 자료가 실질적으로 전부 어떻게 해올 수도 없는 것이고 그랑
께 "현재 있는 그걸[자료를] 가지고 해서 빨리 처리할 수 있게끔 해줘
라" 군수가 그래 버리니까. 그러니까 인자 군수가 말했으니까 저거
를 전부 다시 하려면, [예를 들어] 자료라는 것이 한 1000뭇 된다 하면
진짜 자료는 500뭇이나 600뭇이 나오기 힘들단 말이여. 그렇게 진
짜 자료가 별로 없어, 양도 적었고. 또 있어도 [미역을 출하하는] 개인
한테는 실질적으로 서울 같은 데서 물건을 인자 얼마 주라고 하면
막 50뭇, 60뭇, 이렇게 차로 100뭇씩 두 번을 싣고 갔단 말이여. 그
라믄 자료가, 뭐 그것은 거기 가면 자료가 있을라나? [그리고] 실질적
으로 인자 해 지나서 거래 안 하다 보면 그 사람 주소도 모르고. 그
랑께 자료를 그 사람한테 '해놓으라' 할 수 없는 것이고, 그런 애로점
이 있지. 그렇게 자료를 안다는 게 힘들어.

면담자 　　　사실 인양을 갑자기 하고 있지만 그 전부터 인양할 준
비는 다 되었던 건데, (여남수 : 준비가 됐어) 그동안에는 기름유출에
대한 얘기나 대비는 없었어요?

여남수 　　　그 전에 이약이[이야기가] 있었지, 부락에서는. 만약에
저걸 건지다가 "기름이 유출되거나 하면 시위를 한다"든지, "못 하
게 한다"든지 그렇게 그런 인자 한다 했었거든. 그란데 막상 급하게
하다 보니까 기름이 뭐…. 한데 [인양을] 못 하게 할 수 없는 것이고,
기름이 새 나가는 것도 어쩔 수 없는 거 아녀. 이것은 인자, 이것도

그 인재라고 봐야 돼. 사람이 이거 하다가 인자 굵직하게 난 것이긴 한데… 뭐 어쩔 수 없는 일이지. 그래서 이번에 인자 배가 나가니께 '이걸 처리를 하고 배를 가져가게끔 해줘라'라고 시위를 한다는 얘기여.

3
피해 규모와 보상의 어려움

면담자   피해 규모가 어떻게 되나요?

여남수   피해 규모는 보통 한 집에 1000뭇씩으로 보고 한… 1억인가 그 위일 거여, 1억 몇천만 원씩 될 거여. 그란데 이것이 기름을 묻어갖고 이대로는 인자 그… [사실] 세척해다가 팔면 되는데 인자 기름유출 됐당께 벌써 이 밖에서 "동거차 미역에선 기름 냄새 난다"고(웃음). 이 물건이 설사 해서 가져간대도, 싸. 전에 여기 세월호 사고 났을 때, 그 바다에서 헤엄쳐 살고 있는 고기가 뭔 지장이 있냔 말이여. 여기 잡은 고기는 농어 같은 거, 민어 같은 거, 이래 고기를 잡아도 만 원은 갔는데, 기름유출 된 동거차 고기는 3000원, 4000원이여, 전부 쌌어.

면담자   피해를 많이 보셨겠네요?

여남수   그랑께 누구누구 할 거 없이 다 피해를 본 거지. 근데 서울만 나가불면 그것이 기름이 없다 하더라도[안 묻었더라도] 제대로 가격을 안 줄라해. 그래서 미역을 다 채취해 갖고 판다 하더라도 가격은 싸다고 봐야지. 그라고 기름 조금 띠어 있으면은 안 먹어. 없어도 '이거 기름, 저 뭣 됐다' 하고 그렇게 얘기하고.

면담자   그러면 미역 양 식하는 가구가 몇 가구나 되나요?

여남수   여가 [2구 동막리] 여섯 가구. 이 면에가[1구 동육리] 여섯 가구. (면담자 : 아, 전부 12가구) 여섯 가구고, 저 서거차가 한 가구가 있어. 그래서 13가구여. 실질적으로 따지고 보면 아무것도 아니여. 뭐 이것저것 해보면 다 해봐야 한 집에, 예를 들어 "그 3분의 2를 계산해서 [보상하고] 나머지는 해갖고 싸게든 비싸게든 해라[팔아달라]" 아까침에 그런 이야기가 나오더만. 전체는 어느 정도 [보상]해주고, [나머지는] 해갖고 싸든 비싸든 해서 이렇게 하지 말아야 할 건데, 한 7, 8000[만 원]을 보더라고. 10몇 집이면 불과 뭐 한 [전체] 10억 그 정도밖에 안 되제.

저 대통령들을 봐봐. 박근혜도 얼마를 어떻게 해쳐먹었는가 모르겠고. 지금 뭣한 넘들은 몇천억씩 해먹고도, 한 사람이 해먹고도 끄떡없기만 한데, 주민들 생계가 달린 문젠데 돈 10억이 크다고 생각하면 안 돼. 그 사람들이[업주들이] 거짓말한 것도 아니고 실질적으로 생산을 내고 있는 것잉께, 어느 정도는 인자 보상을 받아야 된다는 얘기지. (면담자 : 그렇죠) 그라고 마땅히 해줘야 되는데, 보험사가 있어 갖고. 보험사에서는 늦게 나와. 그랑께 아까 그 얘기야. 보험사를 빨리 불러갖고 '지금 현지에서 이걸 보고 해줘라' 이것이지. 보험사에서 오면 [이미] 기름이 이렇게 없어져 갖고. 인자 지금 현재 좍 기름이 한 번 깔리면 그 미역은 버린 미역이란 말야, 거의. 그런데 그 기름이 가면 갈수록 없어지잖아, 기름기가. 그래서 보험사에서는 "기름이 없다" 그라는디, 인자 그런 것이 나왔을 때는 문제가 또 생기는 거여.

면담자 혹시 미역 양식 말고도 다른 피해 보는 업종이 있나요?

여남수 피해 보는 업종이야 많지. 지금 제일 피해를 보는 것이 미역은 개인들이 한 육리, 막금리 해서 50가구가 넘을 거여, 한 60가구가 다 될 거여. 육리하고 여기하고 한 50몇 개 될 거여. 그란데 이 해안 싹 돌아가지고 동거차 막금리 돌면 부락 해안에 자연산[돌미역]은 그래도 바다에 떠 있기 때문에…. 아니, 자연산이 아니고 우리 양식산은 바다에 떠 있기 때문에 어느 정도 흘러다닝께 뭐 한당게. [그런데] 바다에 있는 것은[자연산 돌미역은] 이 기름이 한 번 밀려들어 오면 바위에 딱 닿는다 말이여. 닿으면은, 지금은 바위 미역하고 이것저것 해서 전부 인자 씨들이 형성될 때란 말이여. 형성되고 있는데 아주 약한 포자가 기름에 의해서 소멸된다는 얘기여. 그라면 물이 딱 났다가 나갈 때 기름은 [바위에] 붙어버리거든. 그라면 그 약한 포자가 살아남을 수 없다, 이 말이여. 예를 들어서 그때도 지금 보상을 된통 못 받았는데, 지금 해안 전체로 해가 한 집이 [소득이] 나온 것이 한 보통 몬하면[못하면] 7, 800, 한 1000만 원 될 수도 있고, 5, 600 될 수 있고, 그렇게 평균 한 600을 보더라도 그만치 보상을 받아야 하는데, 그때 200몇십만 원씩인가?

면담자 보상액 나온 게요?

여남수 응, 그렇게 받았단 말이여.

| 면담자 | 200만 원 정도요? |

| 여남수 | 200만 원 쪼까 넘게 받았어. 왜냐하면 그건 또 어떻게 됐냐면은 자료가 있는 사람들은 자료가 들어가잖아, 개인 문서로 해 가지고. 그란데 자료가 없는 사람들, 아까 전에 말한 거 마냥 노인들이 개인한테 팔고 뭣하고, 노인들이 또 장에다 몇 뭇씩 팔고 이러면 자료를 일일이 해올 수가 없어. 그 사람들은 못 한 거야. 불과 자료 [준비]한 사람들은 얼마 안 돼. 그래 갖고 그 사람들것만 갖고 퍼센트를 돌린 거야. 그랑께, 그래 갖고 그것이··· 그랑께 실질적으로 자료가 없는 사람은 돈이 한 푼도 안 나왔단 얘기여. [자료] 있는 사람 갖고 해갖고 나온 것이 한 200몇십만 원씩 됐을까? 그냥 전부, 그러니까 [자료] 있는 사람부터 [보상] 나온 것은 많이 나온 사람[은] 좀 더 나오고 몇백만 원씩, 6, 700 나온 사람도 있었어. 3, 400, 4, 500 그란데 그것도 같이 공동으로 일들[을] 다 안배한 것인데, [보상이] 나왔다고 해서 내 것만 챙길 수가 없어. [물론] 다른 챙긴 사람도 있었어, 자기 몫으로 많이 나왔다 해갖고 '자기 돈 얼마 줘' 해서 챙긴 사람 한 사람 있어. 우리들은 인자 포기했제. 우리들은 또 다른 선주보다 자료가 좀 있어 갖고, 여갖고 남은 건 포기하고 전부 똑같이 나눴지. 헌데 지금 상태로 봐서 지금 이 바위 기름을 어쩔랑가 몰라. 지금은 인자 종자가 붙을 때여. 딱 그 시긴데 기름 때문에 피해를 많이 입는다고 생각하면. |

| 면담자 | 올해 미역 수확이 잘 안 되겠네요? |

| 여남수 | 그랑께 문제는 [마을회관] 저거서 [회의]하고, 인자 아까 |

쯤에 얘기가 나오더만. 자연산 미역이 만약에 평균량을 정해놓고 [그만큼] 안 나오면 보상을 해줘야 돼. 그래야 맞겠다고. 아니, [보상이] 거기까지가 돼야 되는데 그런 거 얘기도 안 하고 비위 맞추고, 뭐 자연산 어쩌고저쩌고 몇 마디 하더만. 확실하게 그것은 보험사하고는 그런 식으로 처리가 돼야 돼, 할라믄. 그렇게 하는 데가 없어. 예를 들어서 [원래] 열 뭇 나오는 데서 닷 뭇이나 서 뭇 나왔다? 그라믄 나머지는 보상을 해줘야 돼. 해마다 나오면 똑같애, 생산량이.

면담자   그 전에는, 3년 전에 4·16 참사 당시는 어땠나요?

여남수   그때도 그랑께, 자료를 갖고 오랑께[오라니까] 자료 갖다 내는 사람 한 불과 20명, 30명 됐을까? 반절 사람이 자료를 못 내 버렸어.

면담자   선생님은 내셨어요?

여남수   나는 낸다고 냈는데, [그래서] 돈이 더 나왔는데, 그러니까 없는 사람들하고 똑같이 나눈 거여.

4
동거차도 정착 전후의 생업 활동

면담자   그렇군요. 그러면 시간을 조금 과거로 돌려서 선생님 고향이나 가족에 대한 이야기를 부탁드리려고 하는데요. 저희가 물론 세월호를 계기로 동거차도 주민 구술을 하게 됐지만 그 이전부터 어떻게 생활하셨는지도 관심이 많거든요.

여남수　　　아, 이전에야 뭐, 그런 사고 없을 때야 그 사업하면 사업 하는 대로 나오는 대로 먹고살았제.

면담자　　　학교는 쭉 계속 여기서 다니셨어요?

여남수　　　학교는 여기가 국민학교밖에 없었거든, 우리 다닐 때. 중학교는 인자 해남에서 다니다가 나는 그라도 중간에 [나이] 한 서른 몇 돼서 사업하니라 인자 목포에서 좀 살다가. 그래 갖고 실패하고 들어와 갖고 여기서 계속 사는 거여. 나는 또 애들이 많아(웃음). 애들이 여섯이여, 여섯. 딸만 다섯에다가 저 막둥이 아들 하나(웃음). 그때만 해도 아들이 뭐 좋다고, 또. 지금 생각해 보니 딸이 훨씬 좋은 거 같소(웃음). 딸은 힘이 안 들어.

면담자　　　그러면은 사모님은 동거차도 분이세요?

여남수　　　아니, 해남. 중매했지, 중매.

면담자　　　그러면 목포에서는 어떤 사업하셨어요?

여남수　　　안강망, 중선. 중선이라고 있어요, 안강망, 중선.

면담자　　　제가 잘 모르는 분야라서, 네.

여남수　　　모를 거이여. (양팔을 벌리며) 이따만 한 그물 가지고 조기잡이 하는 거.

면담자　　　계속 바다 관련 일을 하신 거네요?

여남수　　　사업을 했죠. 근데 없는 돈에 크게 할라다 본께 그냥 몇 년을 실패했지.

면담자   그러면은 동거차도 와서는 미역 양식을 하셨어요?

여남수   아, 그랬죠. (면담자 : 몇 년도?) 그때가 몇 년돈가? 한 38, 9년 전이구나. 그때 내가 그 안강망 빚을 한 4000만 원 지고 들어왔는데. 그래도 여기 섬에 들어와서 그 돈 다 갚았어, 빚을 다.

면담자   언제쯤 동거차도에 다시 들어오신 거예요?

여남수   60 한 몇 년도에 들어왔겠네. 아니, 70년도, 70년도 넘어서 들어왔구나.

면담자   그럼 자녀분들도 다 여기서 기르셨겠네요?

여남수   여기서 국민학교만 나오고, 밖으로 나갔지.

면담자   그럼 그동안 계속 미역 양식을 쭉 해오셨고, 다른 것도 혹시 하시나요?

여남수   다른 것은, 해보기는 안 한 것이 없소. 여기서는 그 저 해태 양식도 해보고, 전복도 키워보고. 안 한 짓거리 없이 별걸 다 해봤어, 먹고살랑께. 그라고 돈이 필요한께 돈을 벌어야 해서 어쩔 수 없이.

면담자   지금은 미역 양식만 하시는 거죠?

여남수   지금은 미역 양식만 하지, 안강망 멸치잡이 하다가.

면담자   멸치잡이도 하셨어요?

여남수   예, 하다가 나이 먹으니께 못 하겠더만, 그래서 아무튼.

면담자   아드님도 미역 양식만 하세요? 아니면 다른 것도 하세요?

여남수   아니, 인자 직장에 있다가 들어와 갖고 도와준다고, 나한테. 뭐 다른 일하다가 들어와서 이것만 해주고 그런다고. 아니, 실질적으로 지금 애기들이 어디서 뭐 월급 받아갖고 도시에서 집 얻어갖고 밥값 내고 뭐 하고 남은 돈이, 한 달에 한 4, 500 받는다 해도 남는 것이 없겠더만. 그러니까 나는 여기 와서 한 3개월, 4개월 그냥 도와주러 오라고.

5
4·16 세월호 참사 발생 당시

면담자   세월호 참사가 터졌던 게 2014년인데요. 그때도 4월이니까 이맘때인 거잖아요? (여남수 : 예, 4월 16일) 그때도 비슷하게 미역 양식 수확 준비하고 계셨어요?

여남수   그때는 미역 캐고 있었지.

면담자   아, 혹시 사건 소식을 들으셨을 때 기억나세요? 언제 어떻게 들으셨는지 기억나는 대로 알려주시겠어요?

여남수   여기서 나는 그때 아침에 기름 실으러 갔었거든. 기름도 여기가 없어요. 그 수협 기름이 섬등포라고 여기서 1시간쯤 가요. 거기 가서 싣고 들어오면 그래야 기름을 넣고 하는데. 거기 가서 기름 싣다가 그 소식을 들었어. 그랑께 여기 있는 배들, 그리 [조업] 안 하고 있던 배들은 전부 나갔제, 여기 현장을. 다 나가고, 거의 있는 배들 다 나갔지. 어찌 됐든지 사고가 이렇게 나버링게. 그란데 그날 사고는 진짜 너무나 그 선장이라든지, 그 인간들 못 미더워요. 보통 사람이라도, 우리 같은 사람들 같으면 하나도 안 죽었을 거여. 전부 나오면, 밖으로 나왔으면 하나도 안 죽어, 죽을 수가 없어, 그 조용한 데서.

면담자   혹시 선생님도 그날 배 타고 나가셨어요?

여남수   얘기했지만 기름 실으러 갔다고, 그래 가지고 못 가고 뒤로[후에 갔지].

면담자   그러면 그 소식을 듣고서 다른 분들은 많이 나가신 거군요.

여남수   소식 듣고 다 나갔제. 여기 있는 사람들은 다 나갔고.

면담자   그 뒤에라도 기억나는 대로 얘기해 주시겠어요?

여남수   나는 기름을 싣다 보니까 못 나가. 그래 갖고 뭐 그 배에서 나온 애들 실어다가, 학생들 실어다 서거차 해갖고[옮겨서] 헬리콥터에 싣고. 그 당시만 해도 배들이 몇 척 안 된께, 나가기는 배가 뭐 엄청 나갔는데 그 사람[이] 내렸으면 뭐 왔다 갔다 [해서] 싣고 와버렸제.

면담자   배가 다 나갔으면 몇 대쯤 나간 거예요?

여남수   여기 배만 나간 게 아니여. 여기 나가고 육리 나가고,

서거차 나가고, 관매도, 대마도 다 나갔제.

면담자   그럼 거의 수백 대쯤 되나요?

여남수   아니, 수백 대는 아니고. 몇십 척이제, 몇십 척.

면담자   4월 16일 지난 이후에도 현장과 동거차도에 계속 사람들이 있었는데요. 그때 기억에 남는 일이 혹시 있으세요?

여남수   그거 기억에 남는 일이 어딨겄어. 계속 그라고는 여기 배들이 수색 작업을 했지. 사람도 물속에 죽었고, 떠 있는 물체도 떠다니고 그랗게 계속 수색 작업을 한 거여, 작업선들이. 아까침도 [마을회관] 거기서도 그 얘기하더라고. 수색 작업 한다고 했는데, 하루에 얼마씩 이렇게 [배] 타고 다닌다고 뭐 기름값 해갖고 얼마 주고 또 사람 인건비 얼마 되고. [그렇게] 한 것을 갖다가 전부 뭣으로 [보상금에서] 띠었다는 거여. "멸치잡이 한 보상금 나온 데서 그 돈을 싹 까버렸다"고 아까침에 그 얘기 한참 하더라고. 우리도 멸치잡이 그때는 인자 할 때였웅께, 그때는 봄에 그것만 해도 쏠쏠한데, [수입이] 한 2000만 원 나왔던가 그란데, [보상은] 전부 공제해 버리고 290만 원인가 나왔더라고. 아니, 뭐뭐 할 것 없이 다 그랗게 그 원인을 모르겄어. 배 타고 했어, 분명히 배 타고 다니니까 인건비를 줘야 할 거 아냐, "준다"고 했으면. 처음에는 철저히 하고 줘갖고, 주면 다른 사업 자금에서 전부 그걸 띠어가 버렸단 얘기지. 그게 있을 수 없는 일이야.

면담자   혹시 3년 전에 기자나 유가족을 만난 적은 있으세요?

여남수   나야 별로 안 만났지, 1구 사람들이 많이 만났지. 기자들은 산 넘어 다니면서 인자 미역 갖고 뭐 얘기하고 그러더라고.

면담자   주로 1구에 외지인이 들어왔다면 1구와 2구의 분위기가 좀 달랐나요?

여남수   아, 다를 것은 없제. 통상 그 기자들이나 그런 사람들마다 1구서 정말 많이 들어온께 많이 아침에 가고 여기서는 인자 뭘 안 하고. 사람들이 다 하고 가면 뭐 집은[숙소는] 여기 와서 있는 것이 아니라 육리가 있었응게 기자들도 많이 접촉을 했었고. 여기는 말 그대로 기자들하고는 접촉을 많이 안 했지. 여기 넘어 다닌 기자들이나 그런 사람들이 없지.

6
첫 보상 시기 및 피해로 인한 경제적 상황

면담자   기름유출 등 피해보상 금액이 조금밖에 안 나왔다고 하셨는데, 그건 언제 나왔나요?

여남수   보상이 언제지? 작년에 나왔을까? (면담자 : 작년이요?) 그거 작년에 받았을 거여. (면담자 : 그것도 바로 나온 게 아니고?) 정부에서 배 가라앉히고도 한 1년간 그 못 하게 했더라고.

면담자   그러면 보상받기 전까지 피해가 컸겠네요?

여남수   아, 전이고 후고 똑같지, 피해야. 돈 저 천몇백만 원 받아갖고 뭣 하겠어? 그 3년간 받은 것이 피해액이, 이 동네가 얼마 받았던가? 가만있자… 안강망하고, 그니까 멸치잡이, 그거하고 미역하고 천 얼마 받았어, 천 얼마. 그러니 받으나 마나지.

면담자　　그때 피해 때문에 경제적으로 크게 힘들어지셨나요?

여남수　　경제적으로야 무조건 힘들제. 아, 1년에 나온 돈이, 자연산 미역 그래버렸지, 양식산 미역 못 해버렸지, 그랑께 [수입을] 아무것도 가져올 것이 없는데. 그란데 정부에서 한다는 것이 면에서 뭐 배 타고 다니면서 수색하고 사람 싣고 그런 거 사람 인건비[정도] 주니 한 거지. [공공사업으로] 어디 가서 비 들고 가서 뭐 쓸고 하고 [하면] 뭐 돈 준다 하면서 다 돌아댕긴다니까. 그러나 그 당시에는 나온 돈이 없어. (면담자 : 다 그러셨겠네요?) 다 그랬지, 부락 사람들 다.

면담자　　그러면 전체적으로 너무 힘드셨겠는데, 혹시 이사 나가거나 하신 분도 계세요?

여남수　　힘들었지. 그런다 해서 이사 나가서 어디서 살 거여? 여기서 굴러간 사람 이사 나가면 더 못 살지. 여기는, 여기는 반찬 같은 것은, 찬 같은 것은 바다에 나가면 그날그날 날마다 해올 수가 있어, 먹을 것은. 그랑께 찬거리 같은 것은 뭐 도시에 가는 거보다야 여기 사는 것이 뭣 하고[낫고]. 뭐 아무리 곤란하다고 뭐 쌀 한 포기 돈 2만 원, 3만 원 갖고 못 살라고. 자식들이 인자 그런 것이 더 애로가 있제.

면담자　　젊은 분들은 나가는 걸 고집한다든가 이런 일은 없었고요?

여남수   나갈 사람 벌써 다 나가버렸어. 딱 여기는 지금 들어
와 사는 사람들이 여기 살려고 들어온 사람들이야. 젊어서 나갔다가
힘들고 그랗게 들어와서 사는 사람들이야. 그래서 젊은 사람들이 들
어온다 해도 나갈라고 안 하지. 더 나가봐야 할 일이 없는데?

7
세월호 사건으로 인한 변화

면담자   그러면 세월호 사건 전후로 해서 혹시 정부에 대해서
생각이 바뀌셨어요?

여남수   바뀐 것은 없는데, 항상 그라제 뭐. 자기가 뭣을 튼튼
하게 가져가든 뭘 하되 이런 것은 정부에서도 어느 정도 힘쓰면 좀
쉽게 갈 수가 있는데, 그냥 해버렸지.

면담자   선생님은 혹시 대통령 선거 때 박근혜 안 뽑으셨죠?

여남수   여기서는 누가 박근혜 좋아한다냐.

면담자   네, 혹시 또 모르니까 여쭤봤습니다. 그러면 그때 사
건 당시에 느꼈던 경험이라든가 하셨던 생각이 있으시면 알려주시
겠어요?

여남수   경험 같은 것이야 뭐 다른 뭣이 없지. 그거이 항상 우
리들이 생각하는 것은 그 선장이 너무 무능했다, 뱃사람들이. 그 사

고로 배가 넘어갔어도 배가 뒤집어지는 시간이 4, 50분 걸릴 거여, 물속에서는 이렇게 뒤집어지는 게. 그러면 20분이라도 상관없이 다 나올 수 있지, 밖으로. 그란데 못 나오게 해버린께 안 나오고 그 안에서 수장돼 버린 거 아녀.

면담자   어민분들은 배에 대해서 잘 아시니까 더 많이 안타까우셨을 거 같아요.

여남수   그라제. 그랑께 여기서 생각하는 것이, 사람들이 전반적인 것이 '한 사람도 안 죽을 사람들 다 죽였다'는 것이여. 밖으로 나오기만 하면, 다 나오면 되는데.

면담자   혹시 세월호 사건 관련해서 마을 분들과는 어떤 이야기를 나누셨나요?

여남수   당연히 다 '그 사람들 안됐다'고 생각은 하지, 솔직한 얘기가. 안된 것은 뭐… 그럴 수밖에 없는 것이고. 그렇게 된 것도 어쩔 수 없는 것이고. 부락에서 한 것은, 우리가 인자 생계가 걱정이 된 거여, 미역이라든가. 우리 미역, 그 자연산 미역 하나도 안 했거든. 한 조각도 채취를 안 했어, 기름 때문에.

면담자   참사 당일에는 그런 생각은 못 하셨죠? 사건 나고 나서 며칠 지나니까 문제가 생긴 거잖아요.

여남수   그라제, 기름 문제 같은 것은. 사건 났을 때는 '사건 났다' 그런 생각만 했지. 그 생계에 대한 그 피해 같은 것은 생각을 안 했었제. 그러다 그 배 넘어가고 기름이 엄청 많이 나왔어, 바다가 아주 시커매 버렸거든. 바닷가에 바위도 막 시커매 버리고….

면담자   보상은 안 되고 정말 많이 답답하셨을 거 같습니다. 이제 3년이나 흐르면서 계속 배 인양은 안 되고 세월호 유가족들은 동거차도를 왔다 갔다 하셨잖아요.

여남수   응, 몇몇 분이 계속. 그라고 왔다 갔다 뿐만 아니라 거기서 지켜 있었어. 앉아서 군인들 같은 보초 저렇게 교대로 계속 있어.

면담자   네. 혹시 그런 거 보시면서 어떻게 생각하셨어요?

여남수   자식 잃은 사람들이 어쩌겠어…. 그렇게 인자 자식 잃고 애타는 심정으로 인자… 지켜본 거지.

면담자   그러면 세월호 사건 이후 3년 동안 가장 힘들었던 게 어떤 거였나요? 미역 보상 문제라든가 다른 문제들에 대한 대처에서 좀 후회가 된다든가 하는 일이 있으신가요?

여남수   후회되는 건 없지. 하다 하다 힘이 없으니까, 힘이 안 되니까 못 한 거 아니야. 그랑께 힘이라는 것이, 다 힘이라는 것이 있어야 된단 말이야, 백도 있어야 되고(웃음). 아, 그런 것이 철저하게 [힘이 있는] 다른 분이라면 간단한 거 아냐. 그런데 역시 섬사람들은 발이 좁아. 섬에 딱 갇혀 있응께 아는 사람도 없고, 많이 배워서 공부한 사람도 없고. 또 크게 뭐 어디 가서 출세한 사람도 없고 그랑께 뭐 별로 내세울 것이 없어. 지금 현재 남아 있는 사람이 몇 사람 있거든. (면담자 : 섬에요?) 아니, 그 보상 못 받은 사람이. 보상 못 받은 게 아니라 안 받았았제. 돈이 원체 적응께 '이거 갖고는 안 된다'

그래 가지고 지금 따로 재판하는 사람 있다고. 아까침에 그 얘기하더라고.

면담자   몇 분이나 그렇게 재판을 따로 하고 계세요?

여남수   네 명인가 다섯 명인가 그렇게 돼. 그란데 그것도 힘들 거 같어, 내 생각에는. 이 사건 끝나고 뭔 얘기하니께, 그 나머지 돈 더 받을려면 정부에서 하는 얘기가 그거여, "유병언이한테 민사재판 하라"고.

면담자   선생님은 왜 재판 안 하셨어요?

여남수   아, 포기해 부렸제.

면담자   그럼 몇 분 제외하고 여기 분들 대부분은 재판 안 하신 거네요?

여남수   다 안 했제, 거의. 그니까 서너 명만 남아부렸어. [재판] 그거 할 때는 세종시까지 나도 가봤는데, 하도 애 터징께.

면담자   세종시 갔다 오셨어요?

여남수   한 번 갔다 왔지. 갔다 왔는데, 마침 그날 정부에서 변호사들이 나왔더만.

면담자   세종시를 가셨던 게 언제였어요?

여남수   그때가 작년 12월이었을까, 1월이었을까, 작년. (면담자 : 그럼 몇 달 안 됐네요?) 그럴걸. 그 뒤로 작년에 보상받았응께, 그럴 거여. 12월인가 11월인가 갔었어. 갔는데 마침 정부에서 나온 변호사를 만났거든. 만나서 얘기하면 그래 막 좋게 어떻게 해서 어쩌자고 말은 또 듣기 좋게 해요. 그 말짱 헛소리고.

면담자　　　그럼 선생님께서는 세종시도 갔다 오셨는데 왜 재판은 안 하기로 하신 거예요?

여남수　　　그 재판해서 얼마 더 받을 것이여? 얼마 더 받는다는 확실한 뭣도 없고.

면담자　　　재판하는 데도 돈이 들죠?

여남수　　　아, 그럼. 변호사 사갖고 지금 계속 돈 얼마씩 냈어.

면담자　　　선생님도 내셨어요?

여남수　　　[소송한] 그 사람들. 어느 정도 이겨서 쪼까 받으면 또 거기서 받을랑가 또 모르지, 줄랑가.

면담자　　　세월호 사건 이후에 동거차도 주민으로 여러 가지를 많이 겪으시면서 혹시 삶에 변화가 있을까요?

여남수　　　변화라는 것이 없지. 오늘 같은 날, 전부 도민들이 한 얘기가 그거여. [군수가] 기껏 왔는데 [피해보상에 관해] "이번엔 이러지 말고, 이건 이렇게 강조해 갖고 이런 식으로 하자". 좀 그런 게 변화가 와요.

면담자　　　혹시 세월호 인양이나 진상 규명이 되면 정부의 태도가 좀 바뀔 것 같으세요?

여남수　　　아, 정부의 태도는 좀 바뀌긴 할 것이지, 박근혜가 물

러났응께. 인양되든 안 되든 다른 사람이 정권을 잡으면 바뀌제. 그 것은 뭐 TV에 나오더라고. 김기춘이 그 사람이 "인양해 버리면 말썽 많고 뭐 한다"고 나오더만. 국회의원들[이] 뭣해서 질문할 때 [김기춘이] "인양해 버리면 뭣이 있고, 뭣이 있고 그러니까 인양하지 말라고 했다"고. [근데] 자긴 "그 말 안 했다"고 그라데.

면담자   진상 규명도 될 거 같으세요?

여남수   진상 규명이야 인자… 될 만치 될라 그라지. 내가 어 떻게 그걸 알아.

8
기름유출 피해에 대한 이후 대응 계획

면담자   알겠습니다. 그러면 추가적으로 질문드리고 싶은 게, 지금 인양하면서 기름이 흘러나와서 피해를 보시는 거잖아요.

여남수   예. 피해를, 무조건 피해를 보죠.

면담자   앞으로 어떤 대응 계획이 있으세요?

여남수   지금 대응 계획을 세우고 있었제.

면담자   지금 세우고 계세요?

여남수   그거 지금 세우고 있는 거지. 군수까지 나와갖고 그 대책 세울라고 그란 거여.

면담자   그럼 마을 차원에선 어떻게 하기로 하셨어요?

여남수   마을 차원에서는 나가서 지금 얘기하는 거 그것이요, 그것밖에 없어.

면담자   해상 시위요?

여남수   해상 시위는 끝났고. 해상 시위는 하나도 안 했제, 뭔 해상 시위. 해상 시위는 한 것이 아니고. 지금 인자 군수 나와갖고 [하는 말이], 먼저[번에] 보니까 그것이 전체적으로 [자료를] 하나하나를 다 따질려면은 참 서민 입장에서는 무지하게 애로가 있제. 계산서 하나 어디서 갖고 올라면 힘들고 그런 문제가 있기 때문에 군수가 오늘 회의에 그 과장한테 얘기하더라고, 과장인가 계장인가. 그라고 "이런 식으로 해갖고 '빨리 나오라' 해갖고 얼마 이렇게 해서 이렇게 하라"고. 실질적으로 개인한테 할라면 힘들어, 이거 자료를 가져오라고 하면 어떻게 할 거여? 작년 자료 가져오라면 작년 자료가 거의 없어, [판매량이] 몇백 뭇 불과해. 그랑께 지금 생각한 것은 그것이여. 보통 많이 나오는 데는 아까침에 40뭇 얘기하더라고, 그란데 60발 100미터 나오면 그 물이 안 가고[물살이 안 세고] 물이 어느 정도 차지도 않고 좋은 데는 50뭇 훨씬 넘겨 나오는 데가 있어. 또 물이 너무 가갖고 물 센 데는 40뭇이 아니라 30뭇도 못 나오고 약한 데가 있어. 그러니까 평균 잡아서 40뭇 얘기한 거여. 딱 그 중간.

면담자   마을 분들은 다 같은 마음이신 거예요? 의견이 갈리진 않고요?

여남수　　　저거이 거짓말도 안 되거든, 거짓말이라는 것이 한두 사람도 아니고. 아니 뭐 입 맞추기 [하려면] 저기 그야말로 입을 또 맞춰야 될란데, 실질적으로 고만고만한데. 미역값은 많이 비싸면 17만 원까지 갔었어. 작년, 작년하고….

면담자　　　킬로그램에 17만 원이요?

여남수　　　그렇고로 한다면 13만 원. 아니, 한 뭇에 13만 원, 14만 원 했거든. 그래 평균 잡고 15만 원 때린 거여. 그랑께 군수 하는 얘기가 맞제. "시장에 가보면 동거차 미역 [값]이 얼마 갔는가 알고 있다" 그것이여. 아까침 얘길하다, 어민들한테 얘기한 거가 "시장에 가서 딱 물어보면 미역 가격을 알 수가 있다. 그럼 그 가격을 따져서 배상을 해야 하고, 손해배상을 하게끔 하자" 이 말이지.

면담자　　　그런데 기름이 동거차도 말고도 관매도나 다른 섬에도 가고 그렇지 않나요?

여남수　　　그런데는, 그런데는 피해가 없지.

면담자　　　거기는 피해가 없어요?

여남수　　　거기는 피해가 없어. 인자 기름이 유출되었다고는 그란데, 그랑께 이전에도 그 기름유출 돼갖고 피해보상을 아래서 많이 받았거든. 실질적으로 아래서[다른 섬들에서 보상을] 받은 사람들은 아주 대량으로 해서 받아먹었어, 피해 별로 없이 간단하게 받아먹었어. 그란데 여기는 진짜 하나도 못 건지고도 피해보상을 못 받은 거여. 차라리 어저껜가 "진도 시민이 '저기 뭐 기름 떴다'고 신고를 했다"고 하더라고. 나와본께 그것은 여기서 온 기름이 아니고 "배에서 유출된 경유 찌꺼기였다"고 그렇게 나오더라고. 그란데 그 아래까지는 크게 피해가 없어. 이것도 거기서 떨어져 갖고 막 바로 미역발에 막 붙어분 것이제. [거리가] 쫙 멀어불면 [기름이] 희석돼 버리고, 전부 인자 기름 제거한다고 막 보트 타고 댕김서 뭐 뿌리고 하는데, 잘 흡수혀. 피해는 여기가 제일 크제, 다른 데는 [없어].

면담자   네, 이제 마지막 질문인데요. 세월호 사건으로 인해서 많은 피해가 있었는데 어떤 방식으로 해결되면 좋겠다고 생각하시는지요?

여남수   해결, 뭐 해결 말고 어딨겄어. 이미 전부 끝날 거 다 끝나버리고. 이번 문제나, 이번 문제나 제대로 해결이나 될랑가, 이게.

9
동거차도 관광 및 생활 개선에 대한 의견

면담자   네, 알겠습니다. 혹시 추가로 남기고 싶은 이야기가 있으세요?

여남수   그런 것은 없고. 그란데 인자 역사 자료라니까 그란데, 여기 섬 전부 국립공원으로 되어 있거든, 지금. 그래 갖고 바위 하나 손을 못 대게 해, 전혀. 그래 갖고 여기 주민들이 피해가 많지. 실질적으로 자기들 뭐 나라를 위해서 국립공원이라 해놓고 공원이라고 뭐 좋은 거 있나 모르겠는데, 여기서 나가면 이 동거차 육리 같은[만큼] 수영할 만한 곳이 한 곳도 없어. 전부 지금 웬만하면 모래 같은 거, 다리 같은 것이 저 자갈 같은 걸로 딱 막아갖고 이렇게 해 버링께 수영할 만한 곳이 없거든. 그란데 여기만 딱 나가면은 인자 목박이라는 데가 있어. 거기는 자갈이 제대로 되어 있어 갖고 목욕 할 만한 장소가, 해수욕할 만한 장소가 거기밖에 없거든. 그랑께 항 상 하는 얘기가 "여기 나가는 길을 좀 해줘라" 이렇게 군에다 얘기하 면, 군에서 우리한테 그러는 거여. 국립공원에 묶여갖고 손을 못 댕 께[대니까], 그라면 그 저 뭐이냐 국립 뭐이냐, 관리공단. 거기다 얘기 해서 거기서 "해주라" 하면 저그들이 돈 들여 해준다 그랬어. 그래서 내가 국립공원관리공단에서 그 사람 나왔었거든, 내가 몇 번 얘기해 봤어. "이렇게 했으면 쓰겠는데요". 딱 10센티[미터]도 안 돼, 길이. 그런 사람들 길 놔두고 그런 데를 손 못 대게 해.

면담자   걸어서 갈 수 있는 건가요?

여남수   그라지, 걸어 다니지. 걸어 다니는데, 지금 가서 한번 구경 한번 해봐. 20센티, 넓은 데가 20센티나 10센티여. 거의 포도 시[겨우] 돌흙으로 흙만 좀 깔려갖고. 그랑께 그것도 불공평해, 사실. 주민들이 이 작은 부락에서 살기 좋게 만들어놓고 살아야 되는데, 딱 묶어놓고 이것도 저것도 손 못 대게 해.

면담자   나라가 그런 걸 해줘야 되는데 보상도 안 해주고요.

여남수   그랑께 해줄라면 저그들이 그런 것이나 묶으지 말고 가만 내버려 놔두지(웃음). 가만 내버려 두면 잘 알아서 할라고. 그 란데 그걸 못 하게 해.

면담자   혹시 또 추가적으로 더 말씀해 주실 거 있으세요?

여남수   아니에요, 없어요.

면담자   네, 알겠습니다.

여남수   이런 부락은 진짜 적은 부락일수록 좀 그 국립공원이
아니라, 사람이 들어오게, 조금 좋게 할라믄 그래도 낚시터 같은 데
차가 갈 수 있다든지 그런 길을 좀 만들어서 낚시꾼도 들어오게. 이
런 낚시꾼들 와도 낚시할 데가 없어. 딱 들어오면 거기서 차 타고 쩌
그 넘어가는 거기까지, 여기는 여기까지 와갔고 걸어가면 낚시꾼도
안 들어와, 위치도 그라고. 객선이 한 번 들어오면 그날 아침에 두
번은 객선이 왔다 갔다 해야 되는디, 그런 것이 없기 때문에 낚시꾼
도 안 들어오고 구경도 안 들어오고, 들어올 수가 없어. 똑같은 뭍이
라 한들 뭐든 하루에 들어갔다 왔다 얼른 보고 그날 나갈 그런 장소
를 가야지, 이런 장소는 안 와.

면담자   네, 알겠습니다. 오늘 저희가 갑자기 부탁을 드렸는데
동거차도 주민의 입장을 생생하게 전해주서서 감사합니다.

여남수   네, 감사해요.

동거차도 주민 **여원석**

2017년 3월 25일

1
시작 인사말

면담자   본 구술증언은 4·16 사건에 대한 참여자들의 경험과 기억을 기록으로 남김으로써 이후 진상 규명 및 역사 기술에 기여하고자 합니다. 지금부터 여원석 씨의 증언을 시작하겠습니다. 오늘은 2017년 3월 25일이며, 장소는 동거차도 여원석 씨 자택입니다. 면담자는 장원아이며, 촬영자는 강재성입니다.

2
세월호 인양에 따른 기름유출 문제 대응 상황

면담자   우선 동거차도 기름유출 관련 질문을 드리려 하는데 그 전에 여쭤볼 것이 있습니다. 아버님께서 '뭇'이라는 단어를 사용하셨는데 그게 뭐죠?

여원석   한 뭇, 두 뭇. 미역 양식장 규모를 말씀하시는 거예요. 그거는 이제 미역 뭇 수로 얘기하는 거는, 미역 생산량을 말씀하신 거 같고. 매년마다 근데 달라 가지고, 생산량 같은 경우는 세월호 전까지는 그래도 생산량이 많이 나왔는데 기름유출 되고 한 2, 3년간은 지금 계속 절반 정도 지금 하고 있죠.

면담자   아까 마을회관에 군수가 와서 기름유출과 관련해서 주민들과 얘기 나누고 있더라고요. 아버님을 그때 뵈었는데, 혹시 같이 계셨나요?

여원석   네, 같이 있었어요.

면담자   같이 계셨군요. 아까 마을회관에서 어떤 얘기가 나왔나요?

여원석   그게 뭐냐면은, 이제 세월호 사고 당시에는 저희가 보상을 특별히 요구를 하지를 못했어요. 왜냐하면 그때 당시에 유가족들이 제일 중요하고 그리고 시신 건져내는 게 제일 중요했으니까, 저희가 그때는 그게 중요하니까 우리 건 조금 미뤄서 나중에 보상을 받더라도 이제 최대한 도와드릴 건 도와드리고 이렇게 하자고. 그리고 정부 입장에서도 "아, 우선 이게[세월호 참사 수습이] 먼저니까 이쪽에 대해서는 나중에 충분히 보상을 해드리겠다" 이런 식으로 얘기했었고. 그래 가지고 저희는 이제 막 어선 타고 다니면서 기름유출이나 뭐 유실물이나 아니면은 시신 건지거나, 생존자 배에 태워가지고 이렇게 하는 것도 다 했었죠. 이제 저희가 그때 당시엔 [보상에 관련해서] 아무 그걸 안 했었어요.

[그런데] 나중에 조금 조용해지니까 정부가 취하는 행태가 뭐냐면은, 저희 같은 경우 딱히 서류 같은 거를, 그때는 세월호가 넘어져 가지고 기름이 유출돼 가지고 양식장이 이렇게 큰 피해를 입을 거란 생각도 못 했었고, 이제 시골이다 보니까 이게 서류상으로 무언가를 이렇게 만들어내기가 [어려워요]. 정확한 미역 양이나 가격이나 뭐 이런 거[를] 다 서류상으로 다 맞춰서 '우리가 어느 정도까지 돈을 번다' 이런 증명을 하기가 어려워요. 근데 정부는 계속 마을 어르신들 상

대하면서도 그런 서류를 계속 요구했고, 그리고 요구를 한 다음에 이게 부족하니까 수십 차례 이걸 반복을 했어요. 반복한 다음에 정확히 서류를 주라면은 다 줬는데, 또 거기에서도 이제 "정확한 타당성이 없는 증거다" 이런 식으로 해가지고 커트해 나가서 결국에 저희가 보상을 받은 게, 보상도 엄청 그냥 저희는…. (면담자 : 보상이 적었다고) 적은 게 문제가 아니라, 우선적으로 저희는 이제 1년 [동안] 생업을 아예 못 했잖아요, 생겐데. 생업을 못 했으면은 보상이 최대한적으로 좀 빨리 이루어져 가지고 어느 정도라도 먼저 이렇게 선금을, 선보상을 해줘 가지고, 애 키우는 곳이나 학비 같은 거 나갈 돈 있으면, 아니면 학비나 적금이나 보험 돈, 이런 거 나갈 돈이 있으면은 어느 정도 국가가, 정부에서 이걸 대책을 마련해 가지고 했어야 되는데, 전혀 그런 보상 아무 것도 없이 한 1, 2년 지나가지고 이제 보상도… [되었어요].

면담자   3년 전 기름유출 피해는 언제 보상이 된 거예요?

여원석   보상은 작년에 됐어요. 작년에 됐는데, 이제 그 액수도 아예… 솔직히 답도 없이 나왔고. 그리고 뭐냐면은 이제 저희 같은 경우는 미역을 하다 보니까 이걸 어떻게 하냐면 그때 돈을 벌어가지고, 미역으로 한 다음에 다음 연도 또 미역발 준비를 해야 하잖아요. 그럼 또 그 기간 동안에 들어가는 돈이 있어요. 그러니까 저희는 그 처음에 미역발 사고가 났으니까 그 전에 그런 준비를 다 해놓은 상태에서 사고가 난 거잖아요. 근데 이제 보상이 [청구액의] 한 20프로 정도 나왔다고 얘기가 나왔었죠. 20프로 정도 나왔는데, 거기에서 또 제경비 차원에서 한 67프로를 떼갔어요, 국가에서.

면담자   아, 보상이 20프로 나온 데서 다시 67프로를 떼갔다구요?

여원석   네, 20프로 나온 데서 67프로를 떼갔어요, 그 정도를 떼가 가지고. 근데 제경비도 좀 어이가 없는 걸 많이 떼간 게, 이제 저희가 쓰는 기름 같은 경우는 저희가 어차피 안 사면 안 쓰게 되니까 이걸 아끼는 그런 거까지는 이해를 하겠는데, 기름값 같은 건 이해를 하겠는데 인부들 주는 돈이나. 왜냐하면 저희가 인부를 데리고 있으려면은, 꾸준히 쓰려면은 아무리 사고가 났어도 인부들한테 어느 정도의 보상을 해줘야지 다음 연도에도 이제 그 사람들을 데리고 일을 할 수 있잖아요. 그런데 그걸 국가에서 제경비라는 형식으로 다 떼갔어요. 그리고 또 저희가 준비한 게 있잖아요, 줄이나 닻이나 해가지고 돛이라든지. 그러니까 닻이나 줄이나 이런 걸 저희가 원래 전년도에 다 준비를 맞춰놨잖아요. 맞춰논 상태에서 그러면 돈이 들어갔을 거 아니에요. 근데 이런 준비된, 저희가 전년도에 들어간 돈도 제경비 형식으로 정부에서 가져갔어요. 제경비 적용해서 다 제했어요, 그 돈을. 그리고 또 저희가 무슨 기름 방제 작업이나 시신 뭐 수색 작업이나 이런 거 나가서 정부에서 그 어선 대여료나 기름, 어차피 배가 움직이면 기름이 쓰니까 그런 형식으로 어느 정도 돈을 줬단 말이에요. 근데 그런 것도 또 제경비로 다시 제했어요.

　그러니까 저희가 그건 뭐… 도와준 건 도와준 건데, 솔직히 저희가 인력을, 다 저희 배를 먼저 계속 이동을 하고, 또 우선 저희 노동력을 제공을 했잖아요. 그러면은 이제 저희들은 그게 당연히 노동력에 대한 대가 아니면 배 사용료 이런 식으로 정부에서 한 건 줄 알았는데, 정부가 그거를 자기들이 '그게 선보상 형식으로 준 돈이다' 이런 식으로 해가지고 제경비로 그걸 다 제했어요. 그러니까 이런 입장에서 이제 다시 저희는 다음 연도 돼가지고 미역발을 했는데, 그 미역발도 [수확이] 전에 했던 거 한 절반 정도도 안 나오고. 그러니까 저희는 이제 기름유출이 되면은 지금은 이제 그냥 1년만 이렇게 보상[하는] 형식으로 이렇게 하고 있는데, 어차피 내년에도 저희는 또 피해를 보고 미역 양이 줄어들 수도 있으니까요.

이런 식으로 계속 피해를 봐왔는데, 지금까지 근데 계속 참아왔어요, 딱히 말없이. 근데 아까 해수부[에서] 와가지고 얘기한 게 조금 말이 안 되는 게, 그때 당시에도 자기들이 '책임지고 해주겠다' 이런 식으로 얘길 했거든요. 지금 해수부에서 얘기하는 게 "우리가 상하이샐비지라는 업체랑 계약을 했으니까 거기서 알아서 잘해줄 것이다" 이런 식으로 얘길 하잖아요, 계약을 해놨다고. 근데 상하이[샐비지] 업체는 또 보험을 들어놨잖아요. 그러면 이게 어차피 보험회사로 넘어간 거예요. 이렇게 넘어가면은, 잘 모르는 사람들은 '아, 좋게 된 거 같애' 이렇게 판단할 수도 있지만, 지금 보험회사로 넘어가면은, 이게 솔직히 보험회사가 엄청 크잖아요. 영국 무슨 보험회사라던데, 솔직히 그런 보험회사를 상대로 여기 동거차도민들이 무슨 말을, 뭐를 해서 어떻게 이겨먹겠습니까?

근데 정부에서 자기들 말로는 도와준다는데, 해수부에서. 저희는 솔직히 그게 안 믿기죠, 믿을 수가 없죠. 지금 우선 세월호를 가지고 가버리죠? 그럼 기자들 다 떠나요. 그리고 여기 있을 필요가 없어요, 유가족들도 어차피 없을 테고. 떠나면은 남는 사람들은 동거차 주민들이에요, 다. 동거차 주민들밖엔 안 남는 상태에서 해수부 [도] 이제 세월호 갔으니까 어차피 기자가 없는데 자기들이 여기 와서 굳이 신경 쓸 필요가 없어요, 그냥 보여주기 식으로 한 번 했으니까. 그리고 저희가 또 의견을 내고 싶어도 유가족들 다 떠나고 세월호도 없는데 저희가 부른다고 기자들이 와서 뭐 취재해 가지고 그걸 또 크게 보도해 줄 그런 언론, 솔직한 말로 저희 한국이 그렇잖아요. 언론이, 정치가 완전 그… 이게 엮여 있잖아요. 그니까 저희한테 좋은 말 솔직히 쓰기보다는 이제 정부 두둔 형식으로 이렇게 해주겠죠, 나중에 세월호가 [동거차도에서] 없어지고 기자들도 없어지면. 그러니까 저희는 도저히 믿을 수가 없는 거죠. 그래서 어촌계장님이 하는 말이 "너희들 예전에도 구두 형식으로 얘길 하고 가지 않았냐? 그러니까 서면 형식으로라도 어느 정도 각서나 이런 거를 서면으로 주라" 그런 얘기를 했는데 솔직히 서면으로도 안 주고 그냥 갔잖아요, 어차피. 그래서 저희는 아직까지는 확실히 모르겠어요, 이제 어떻게 될지 모르겠는데.

면담자　　그러면 그 보상을 한 것도, 제경비로 떼 간 것도 다 해양수산부인 거예요?

여원석　　저 해수부에서 떼 간 건지, 뭐 정부 차원인지…. 어차피 해수부가 정부니까, 세금으로 다 떼간 거니까.

면담자　　그러면 상하이샐비지의 보험사에 대해 대응을 할 때 주민분들이 직접 하시나요? 아니면 중간에 또 다른 보험사나 변호사를 끼고 가나요?

여원석   그때는 보험사를 끼고 갔어요. 그래야지 이제 싸움이
돼요. 왜냐면은 저희가 아무리 얘길 한다 그래도 거기에서는 완벽한
증거가 없으면은, 명확한 증거가 없으면은 "증거가 부족한데" 이러
면서 "다시 해와", "다시 해와", "다시 해와" 이런 식으로 계속 떠넘겨
요. 보험회사가 보상을 자기들이 부풀려 줄 필요는 없잖아요. 최대
한 적게 줄려고 걔네들도 노력하는 거고, 자기 일이니까 그게. 근데
솔직히 저희가 그런 큰 회사를 어떻게 이기겠습니까? 그리고 저희가
무슨 밖의 기업같이 그렇게 자기들 돈 쓰는 내역 있으면은 다 일일
이 영수증 받고 이런 거 다 해놓는 것도 아니고. 저희는 시골에서,
저희는 카드도 거의 안 쓰고 통장 거래도 거의 안 하는데. 어느 정도
선에서만 통장 거래를 하지, 웬만하면 잘… 시골 어르신들이 그래
요. 통장 잘 안 믿고 현금을 좋아하지. 저희 선불 올리면은 현금을
이제 받으시고 이런 식으로 하는 것도 많으니까, 그러면 영수증 처
리가 안 되고 또 금융[거래 내역] 그걸로도 안 나오잖아요. 근데 인제
그 사람들은 그런 걸 다 제하는 거예요. 증거가 없으니까, "너희들
돈 벌었다는 증거가 없다"고.

면담자   그래서 보상을 제대로 받기 위해서 재판하는 분들이
있다고 들었는데요.

여원석   지금 소송 들어가는데, 한 5월 달에 어떻게 얘기가 나
온다는데 정확히는 재판해 봐야 되는 거죠.

면담자   5월에 2심 재판하는 거예요? 아니면 대법원까지 가는

거예요?

여원석   그것까지 정확히는….

면담자   이제 아버님과 선생님 댁에서는 소송은 안 하기로 하신 거예요?

여원석   제가 있었으면 같이 했을 텐데, 이제 아버지가 나이드셔 가지고 그런 복잡한 문제를 싫어하셔요.

3
가족관계 및 동거차도에 다시 들어오기까지

면담자   다른 일을 하다가 동거차도에 들어오셨다고 들었는데 언제 들어오셨어요?

여원석   근데 저는 작년 가을까지 일을 하다가 나갔으니까. 나가서 이제 아는 형님네 회사 들어가서 일 좀 하다가. 왜냐하면 겨울에는 일이 없어요, 여기는. 미역발 준비 다 끝내놓고, 10월 말경에 그 미역발 준비를 하거든요, 미역발도 놓고. 그러니까 그걸 끝내놓고 이제 그 겨울 기간 동안에 일이 없으니까, 어차피 여기서 노는 것보다 밖에 나가서 어느 정도 일하는 게 낫겠죠. 아는 형님네 가서 일하다가 다시 또 들어왔어요, 이제 미역발 시작 시즌 돼가지고.

면담자   그러시군요. 원래 구술자분들의 예전 삶에 대해서부터 질문을 드리는데, 얘기 나온 김에 여쭤볼게요. 고향과 가족에 대해 소개를 부탁드릴게요. 고향은 동거차도이신 거죠? (여원석 : 네) 초등학교도 여기서 나오셨나요?

여원석   네, 초등학교는 여기서 나오고. 이제 여기는 학교가 없어요. 학교 때문에 이제 목포로 간 거죠.

면담자   목포에서 중학교 다니셨어요? 혹시 그러면 고등학교 도요?

여원석   아, 고등학교는 광주에서 나왔어요.

면담자   그러면 계속 부모님은 여기 계시고요?

여원석   부모님하고 따로 살았죠.

면담자   학비를 지원해 주시고 그런 거군요. 형제가 많으시다고 들었는데, 어떻게 되세요?

여원석   아, 1남 5녀예요.

면담자   아, 1남 5녀세요? 그러면 유일하게 남자고. 혹시 막내세요?

여원석   네(웃음).

면담자   그러면 작년 가을까지 하시던 일은 어떻게 되셨어요?

여원석   아니, 작년 가을까지 여기서 아버지랑 미역 하다가.

면담자   아, 제가 계속 헷갈리고 있어요, 죄송해요.

여원석   이제 뭐냐면 해, 연마다 한 2월 달쯤에 와가지고 미역 준비를 시작해요. 준비를 시작해서 미역을 하고 그다음에 이제 갱번이라고 동네 공동조합이 있어요, 동네 갯바위에 있는 그런 거 채취하는 거. 그런 거까지 하고, 그다음에 이제 미역발 정리한 다음에 나중에 이제 또 미역발 준비까지 한 11월 달까지 그런 걸 끝내놓고 이제 밖으로 나가는 거죠.

면담자   매년 그렇게 하시나요?

여원석   그렇죠. 매년 그렇게 하죠.

면담자   그럼 언제부터 아버님 일을 도우셨어요?

여원석   아. 도운 거는 지금… 바로 밖에서 일을 안 하고 도운 거는 2년째구요, 작년부터 했고. 전에는 이제 군대 갔다 와서 아버지 일 또 한 1년 돕고, 이런 식으로 해, 연마다 시간 나면 돕죠.

면담자   그러면 밖에서는 어떤 일을 하셨어요?

여원석   발전소 쪽에서 일을 하고 있었어요, 그 전에는.

면담자   혹시 어디서 일하셨어요?

여원석   발전소 건설 현장에서. 당진화력[발전소]에서도 했었고, 그리고 저기 삼척에 뭐였지? 복합화력발전손가? 삼척복합화력발전소라고 있어요, 거기에서도 일했었고.

여원석   그렇군요. 결혼은 안 하신 거죠?

여원석   네(웃음).

면담자   혹시 누님들은 여기 근처에 사시나요?

여원석　　　　아니요. 누나들은 지금 서울에 있고, 외국에 있고 그래요.

면담자　　　　계속해서 발전소 관련해서 일하실 수도 있었는데 동거차도로 들어온 건 아버님 일을 도우려는 이유였나요?

여원석　　　　그게 아버지도 나이가 좀 드셨고. 원래 그 전에는 선원이 있었어요. 전에 선원이 있었는데 그니까 이제 작년에… 작년에 제가 들어왔으니까 [그 선원이] 재작년에 나갔죠, 재작년 겨울에. 재작년 겨울이면 이제 세월호 땐가? 나갔을 때가 세월호 땔 거 같은데.

면담자　　　　2014년이요?

여원석　　　　그러니까. 그럴 거 같네요. 그때 당시에 이제… 또 보상이 전혀 차일피일이고, 그거 때문에 나갔는지 아니면은 자기가 안 좋아서 나갔는지 모르겠는데. 그 선원이 원래 여기서 10년 정도 일했던 선원이거든요. 근데 그때 나갔어요. 그때 나가가지고 일할 사람이 없으니까, 아버지 이제 미역발 넣어놨는데 할 사람이 없으니까 이제 저라도 들어왔죠.

4
세월호 사건 당시 동거차도 주민들의 수색 활동

면담자　　　　세월호 참사 당시에는 소식을 어떻게 접하셨어요?

여원석　　　　아, 세월호 당시에 이제 일을 하고 있는데… 삼척에 있었거든요. 그때 일을 하다가 이제 언론에 세월호가 넘어졌다 [뉴스] 보고 이제, 어차피 저희 계속 왔다 갔다 [하면서] 지리가 훤한 데니까, 보니까 저희 동네 앞인 거예요. 그래서 알게 됐죠.

면담자   그날 소식 듣고 부모님과 통화하시거나 고향 친구들이랑 어떤 이야기를 하셨는지 등 기억나시는 게 있으시면 말씀해 주시겠어요?

여원석   이제 뭐 카[카오]톡으로 아는 형님들이 뭐 "세월호 넘어졌네" 이런 식으로 해가지고 연락이 왔었거든요, (면담자 : 고향분들이요?) 네. 여기 계속 거주하던 형님들도 있고 친구도 하나 있구요.

면담자   그러면 그분들은 수색하러 나가시고 그러셨겠네요?

여원석   그렇죠. 계속 왔다 갔다 했죠.

면담자   혹시 그때 들은 얘기들 중에 기억에 남는 거 있으세요? 여기 주민분들만 아는 그런 얘기라든가?

여원석   우리만 아는 얘기라는 게, 솔직한 말로 이제 "국가의 대처가 잘못됐다" 이러잖아요. 이제 얘기를 들어보면은 굳이 이제 배가… 한 3, 40분 동안 안 가라앉고 계속 있었잖아요, 그 상태로. 근데 거기서 이제 중요한 건 뭐냐, 애들보고 뛰어내리라고 그러면은 단 몇 명이라도 많이 구했을 거 아니에요. 그냥 물에 빠져 있으면 어선이라도 그냥 가가지고 건져 오면 되니까. 근데 전혀 그런 대처가 없었죠, 해경들도 그냥 거기 그 주위만 돌고 있었고.

면담자   주변에 수색에 참여하신 분들이 많으실 텐데요, 혹시

'어선들을 세월호 근처에 못 가게 했다'고 말씀하신 분도 계셨나요?

여원석　　그냥 "세월호 주변만 돌았다" 그러는데, 정확히는 그때 뉴스 그거랑 똑같을 거예요, 해경들은 구할 생각 안 하고 있었다고. 뭐냐면은 세월호가 이제 완전 가라앉았으니까 살려고 사람이 발버둥을 치거나 아니면 수압에 의해서나 창문이 나가거나 이러면 시체가 밖으로 튀어 나올 수도 있잖아요. 그리고 이제 세월호에서 나오는 짐도 엄청 많으니까 그런 것도 건져 올리고, 이제 제일 중요한 게 시신이니까 그런 걸 찾으러 계속 배들이 왔다 갔다 하는 거죠.

면담자　　여기 분들은 현장의 물길을 훤히 잘 아실 테니까 그런 걸 따라서 움직이기도 하고 그러셨나요?

여원석　　그거까지는…, 그러니까 물이 계속 왔다 갔다 왔다 갔다 하니까, 한 번은 빠졌다가 다시 또 물이 유입되고 이런 식으로 하니까 그거는 그때 상황에 따라서 했겠죠.

5
세월호 사건 이후 현재까지 기름유출에 따른 피해와 대응

면담자　　세월호 참사 당시의 피해에 대해서도 기억하세요?

여원석　　그 당시 피해는 뭐 똑같죠. 근데 지금보다 기름유출이 훨씬 많이 됐으니까 아예 애초에 미역을 손댈 수가 없었고. 그리고 이제 그때 당시에는 기름유출이 더 많이 돼가지고 갯바위 있는 쪽으로 기름이 많이 올라왔으니까 나중에 마을에서 하는 공동 작업에 대해서도 안 되고.

면담자   갱번이라는 공동 작업 말씀이시죠?

여원석   네. 그게 이제 여기 마을 사는 사람들이 동거차도에 살잖아요. 육리, 막금리가 있으니까 1구, 2구가 어느 정도 선을 나눠요. 그래 가지고 여기에서 나는 거를 1구 사람들이 이렇게 채취해서 팔면은 다른 쪽 부분에 대해선 2구 사람들이 채취해서 팔고, 공동으로 그걸 수합을 해가지고. 왜냐하면 섬에서 나는 자원이니까 그걸 채취해 가지고 파는 거예요.

면담자   공동재산이 되는 거네요?

여원석   네, 그렇죠.

면담자   그런 것도 피해가 많았나요?

여원석   그런 것도 다 못 했죠.

면담자   그다음 해뿐만 아니라 재작년, 작년까지도 피해가 계속 이어지는 거죠?

여원석   이게 어떻게 생각해야 되냐면, 기름이 유출이 되면은 어차피 해조류는… 뭐라 그래야 되지? 바위에 해조류가 붙는다고 그러면은 거기에 기름이 있으면 붙을 수가 없잖아요.

면담자   아, 미끌미끌하니까요?

여원석   아니요(웃음). 미끌미끌한 거보다도, 죽어요. 어차피 죽으니까. 그러니까 농약 비슷하다고 생각하시면 돼요, 기름이. 뭐 그런 기름 때문에 미역이 잘 안 자랄 수도 있고, 아니면 포자가 안 좋았을 수도 있고. 포자가 뭐냐면 씨앗 같은 경우거든요, 미역 그런 거. 지금 한 3년 됐잖아요? 그 세월호 사건을 후로 해서 계속 이게 안 됐으니까, 미역이. 그래 가지고 이제 3년 지나가지고 이제 괜찮 아져서 이게 잘 자랐는지, 이것까지는 솔직히 설명할 방법은 없어 요. 근데 이게 확실한 거는 세월호 후로 미역 생산량이 현저히 줄었 고, 그리고 이제 괜찮아져서 미역이 다시 잘 자랄라[고] 그러는데 또 이 상황에서 [인양]하는 거죠.

근데 제일 이해가 안 되는 게, 지금 세월호 인양 시기가 진짜 이 상하잖아요. 왜냐하면 이제 세월호 넘어졌을 시기는 4월 16일, 어쩔 수 없죠. 자기가 넘어지고 싶어서 넘어졌겠어? 근데 지금 제일 이해 가 안 되는 게, 왜 굳이 동거차 주민들이 생업 시작을 해서 이거를 수확하려고 하는데 여기에 맞춰서 지금 이걸 인양해 가지고 기름이 유출되게 하냐고요. 왜냐하면 이건 정부가 지금 너무 그쪽, 세월호 이거에 중심을 두고 저희는 완전히 무시하는 거 아니에요. 왜냐하면 저흰 완전 생업인데, 생업이 4월에서 6월 달까지 이루어지는 거를 자 기들도 알 텐데 그냥 무시하고 올려가지고 지금 이렇게 된 거잖아요.

면담자　그동안 인양을 준비하는 과정에서 동거차도 주민들과 는 협의한 바가 없었나요?

여원석　국가에서 그런 얘기 저희한테 잘 안 하죠. 그런 얘기 저희가 해봤자 자기들이 알아주는 것도 아니고. 원래는 4월… 언제지? 4월 좀 넘어서 이게 세월호 인양하기로 했잖아요. 그런데 얘네들이 이제 앞당겨서 갑자기 인양을 해버린 거잖아요. 원래 그 전에 [마을에서] 회의를 했었어요. 세월호를 들어버리면은 기름유출 될 수 있고 그래 가지고 "올라와서 담판을 짓든가 뭘 하자" 이런 식으로 했었는데, 갑자기 세월호 드는 걸 앞당긴 거야, 3월 달로. 갑자기 들어버리니까 저희는 그냥 넋 놓고 이렇게 기름유출 돼가지고 이러고 있는 거죠.

면담자   사실 기름이 유출될 거라고 충분히 예상할 수 있었잖아요.

여원석   이건 무조건이죠. 어제 그 상하이샐비지[에서] 왔던 그 사람, 계속 얘기하던 분 있죠? 그분이 했던 말이, "[내가] 인양 전문간데, 원래 넘어질 때 기름유출 되고 들어 올릴 때 기름유출 되는 건 당연한 거 아니냐? 그래서 우리는 책임이 없다" 이런 식으로 이야기했잖아요. 자기는 그거지, 그 사람이 인양 전문간데 자기 입으로 얘기했잖아요, "기름유출 된 건 당연한 거"라고. 당연한 걸 알면서 지금 방제 작업을 똑바로 안 해가지고 지금 이렇게 된 거 아니에요. 지금 진짜 보여주기식이에요, 저거는.

면담자   어제 해상 시위는 어떻게 하셨나요?

여원석   아, 해상 시위 그거는 뭐냐면은 이제 3시까지 [온다고 했던 해수부] 사람들이 조금 약속도 지켜주고 하면 좋은데, 지금 다 과열되어 있잖아요, 마을 사람들이. 보상 문제 가지고 과열되어 있는데, 중요한 건 이제 세월호를 또 바지선이 가지고 밖으로 나가고 있어요. 근데 이제 우리 여기 마을 사람들 입장에서는 솔직히 국가를 믿을 수가 없으니까, 우선 "기자들 다 떠나고 세월호 가버리면은 우리는 낙동강 오리알 신세 된다" 이런 식이죠. 왜냐면은 이제 기자들 다 떠나면은 아까도 얘기했다시피 그냥 국가는 바로 "우리는 상하이[샐비지] 기업이랑 계약을 해놨다. 자기들이 알아서 다 이거를[보상을] 해줄 것이다" 이런 식으로 책임 전가시키면 끝이구요. 그리고 상하이샐비지 측은 "우리는 보험 다 들어놨으니까 보험회사에서 알아서 보상해 주겠지" 이런 식으로 나 몰라라 하면 끝이에요. 그러면 저희랑 보험회사랑 싸워야 돼요, 결국에는. 그래서 이제 명확한 얘기를 듣고 싶었는데 해수부 그쪽에서 아예 안 와버렸잖아요, 약속 안 지켰잖아요. "3시에 온다" 그래놓고 또 4시로 미루고, 4시에 또 안 오고 한 4시 반엔가 샐비지 측에서 왔죠. 샐비지 측 거기만 왔잖아요, 4시 반엔가. 그니까 계속 약속도 안 지키고 우리는 명확한 답변이 필요한데, 그러니까 이제 답답하니까 '한번 어떤 상황인가 한번 가보자' 이런 식으로 해가지고 갔죠.

면담자   어떠셨어요?

여원석   그냥 갔다 왔어요.

면담자   몇 분 정도가 가셨어요?

여원석   그냥 이제, 원래는 1구 쪽에서도 나가기로 하고 저희는 그냥 '어, 같이 나가나 보다' 그랬어요. 넘어와서 나가는데 저희만 나갔더라고요, 2구만.

면담자   아, 그래요? 2구는 몇 분 정도 가셨어요?

여원석   2구는 그냥 배 네 척 나갔어요, 네 척. 네 척 가지고는 소용도 없고, 그냥 잠깐 보고 돌아왔어요.

면담자   나가보니까 기름유출 된 상황이 어느 정도던가요?

여원석   근데 딱 한 가지만 아시면 되는 게, 지금 쉽게 설명해 드리면 애들한테 유기농 좋다고 유기농 먹이잖아요. 농약 들어간 거 잘 안 먹이잖아요. 지금 여기 "기름 맞았다"고 언론에서는 보도가 됐단 말이에요. 그러면은 미역값이 예를 들어서 15만 원이라고 그러면은 결국에는 저희는 이제 이걸 못 팔아요. 왜냐하면 먹을 건데 누가 기름 묻어가지고 안 된 걸, 굳이 먹으면 안 되는 걸 먹겠어요. 그러니까 동거차 쪽 미역은 이제 안 팔리죠. 그때 샐비지 쪽에서 어이없는 소리를 좀 하던데, 무슨 "실제 피해량을 좀 알아갖고 알려달라", 그건 알 필요가 없어요. 왜냐하면은 저희가 생산을 100으로 한다 그러면은 한 50프로만 기름이 묻고 50프로는 생산할 수 있다고 그래도 50프로 생산한 거를 저희는 팔 데가 없어요, 팔 수가 없어요. 그러니까 100프로에 대해서 보상을 해줘야 되지. 그거는 말도 안 되는 소리를 자꾸 하더라구요.

면담자   해상 시위 한 거는 보도가 좀 됐나요?

여원석   아니요. 아니 그니까 배가 다 나왔으면 시위 형식으로 이렇게 했을 텐데, 이제 저희만 가가지고 굳이 배 네 척으로 거기 가봤자 아무것도 안 돼요. 그냥 웃긴 꼴밖에 안 됐어요(웃음).

면담자   좀 젊은 분들이 추축이 되어 나가신 거예요?

여원석   아, 여기 2구 사람들만 나갔어요, 2구 사람들. 근데 2구 사람들이 다 젊어요.

면담자   아까도 양육비라든가 학비라든가 그런 것들이 있는데 선보상이 안 되니까 문제가 많다 하셨는데요.

여원석   그렇죠. 선보상이 안 되니까 이제 "보상을 어느 정도 선에서 빨리 받아버리자"고, 어차피 안 줄 거 아니까. 왜냐면 계속 차일피일 미루고 "서류 또 더 내라" 그리고 계속 이런 식으로 하니까, 그냥 보상 이거라도 받아서 어떻게든 애들 가르치고 뭐 하고 이런 식으로 해서 받은 사람들이 많죠. 여기서 젊은 사람들은 애들이 별로 안 커서 그렇게 많이 [돈이] 들어가지는 않아요. [그래도] 젊은 사람들은 웬만하면 하도 이게 부당하니까 소송을 걸어요. 소송한 사람들이 거의 다 젊어요.

면담자   아, 그래서 선생님께서도 아까 만약에 여기 계셨으면 소송했을 거라고 하신 거군요.

여원석   저는 하죠.

면담자   소송한 분들은 좀 친한 분들이세요?

여원석   그렇죠, 좀.

면담자   예. 해상 시위도 젊은 분들이 주도했고, 소송도 많이 하고 계시는데, 앞으로 어떻게 대응할지 계획 같은 게 더 있으세요?

여원석   지금은 이제 솔직히 하는 걸 보긴 봐야 될 텐데, 저희가 딱히 뭘 한다고 해서 바뀌는 게 없어요. 그래서 저희가 원하는 게 뭐냐면 어차피 지금 해수부가 책임 넘겼잖아요, 샐비지로. 그러면은 이제 자기들도 어느 정도 세월호에 대해서 우리 동거차 주민들 고생한 거랑 그 사람들 피해 본 걸 알면은, 솔직히 똑바로 된 국가라면은 자기들이 그냥 책임 떠넘기지만 않고 그냥 자기가 중간 입장에 서서라도 '너희들 보상 똑바로 해줘야 된다' 이런 식으로 액션을 좀 취해 줘야지. 지금 [샐비지에서 온] 저 사람 얘기하는 거 들어보니까 자꾸 서류만, 서류만 찾고 있는데, 그러면은 결국에 서류 찾다 보면은 저희는 보상 못 받아요. 그리고 이거 또 차일피일 미뤄져 가지고 한 1, 2년 지나면은 저희는 뭐 이제 진짜… 지금 여기서 농사짓는 사람이 어딨습니까? 돈벌이가 하나도 없는데. 1년 동안 아무것도 못 하고, 1년 동안 진짜 돈벌이 없이 이렇게 살아야 해요. 근데 저 사람들은 그런 거 생각을 전혀 안 해요.

6
유가족과 진상 규명에 대한 생각

면담자   알겠습니다. 이제 동거차도에 계속 유가족들이 왔다 갔다 하시잖아요. 2구 쪽으로는 잘 안 오시겠지만 유가족분들이 저기 산 위에도 계시는데, 혹시 그런 활동에 대해서 어떻게 생각하셨어요?

여원석   아, 유가족이요? 유가족에 대해서는 뭐 솔직히 할 말은 없죠. 저희는 할 말은 없죠. 왜냐면 얼마나 자식 잃고 얼마나 그러겠어요. 저희는 유가족들한테는 그런 거 없어요, 전혀.

면담자   지나다니면서 자주 마주치거나 하세요?

여원석   마주치긴 하죠, 마주치기는. 살다 보면 어쩔 수 없으니까. 거기 계속 있었으니까.

면담자   혹시 세월호 이후에 세상을 보는 관점이라든가 삶의 태도가 달라진 게 있으신가요?

여원석   (웃으며) 그런 거 없는 거 같은데, 예전부터 우리나라 정부는 안 믿었으니까.

면담자   주변에서도 다 비슷하게 생각하세요?

여원석   이거는 왜냐하면 이제 사람들이랑 하면서 얘길 계속 하면서 뭐 니 의견 들어보고, 내 의견 들어보고 하다 보니까 생각이 정리된 거지, 제 생각만 가지고 있는 게 아니죠. 그러니까 웬만하면 거의 비슷하죠.

면담자   지금 진상 규명 같은 얘기들이 계속 나오잖아요. 인양하면서 진상 규명 얘기가 또 나오는데 거기에 대해서는 어떻게 생각하세요?

여원석   진상 규명은 돼야죠, 확실히. 왜냐하면 세월호가 넘어진 게 이제 어떻게 넘어졌는지 정확한 그건 모르잖아요, 아직까지. 진상 규명하고 원인 확실히 돼야[밝혀야] 되고, 그리고 뭐… 솔직히 그 박근혜 정부하에서 너무 미흡하게 처리를 했잖아요. 왜 그런 식으로 또 처리를 했나, 이런 거 다 해가지고 규명은 다 돼야죠.

면담자   세월호 사건의 가장 큰 피해자는 유가족분들이시긴
해도 동거차도분들도 어쨌든 세월호 사건의 피해자잖아요. 하지만
언론에서는 동거차도에 계신 분들에 대해서는 별 이야기가 없거든
요. 사실 외부 사람들은 동거차도에 사람이 사는지 안 사는지도 잘
모르는데, 이런 건 어떻게 생각하세요?

여원석   아니, 제일 웃긴 게, 지금은 뭐 이제 "세월호 든다" 그
래서 동거차도 이렇게 나오지만 그때 세월호 당시에는, 그리고 그
당시 좀 지나면 사람들이 세월호가 다 팽목항에서 넘어진지 알아요.
세월호가 팽목항 근처에서 넘어진지 알아요. 그러니까 그만큼 언론
이 보도를 이상하게 했잖아요(웃음). 너무 이상하게 한 거죠. 박근혜
정부 두둔해 주느라고 뭐 제대로 안 했는지 모르겠는데, 아무튼.

면담자   지금 유가족분들도 동거차도에 같이 계시는데, 동거
차도의 피해에 대해서는 별로 알려지지 않은 것이 혹시 조금 억울하
다거나 이런 생각이 드시나요?

여원석   유가족들도 지금 동거차 주민들이 고생하고 또 자기
들 도와줄려고 이렇게 많이 하는 거 아니까, 유가족들도 솔직히 동
거차 주민들 생각 많이 해줘요. 그런데 이제 저희들도 뭐, 저희들도
지금까지 참아온 게, 크게 뭐라고 안 그러고 참아온 게 딱 그거죠.
왜냐하면 유가족도 자기 자식들[이 있고], 저희들도 다 있잖아요. 가
족도 있고 자식도 있고 이런데… 유가족들은 이제 자기 피붙이 잃은
사람들인데 거기 앞에서 저희가 '보상해 달라' 이런 식으로 하면은
괜히 또 그럴까 봐 저희가 지금까지 계속 참아왔잖아요. 그런데 이

제 또 올해 다시 이렇게 됐으니까, 3년 전에 정부한테 그렇게 데였으니까, 한번 데여봤는데 또 그냥 데일 순 없잖아요. 그래서 지금 이렇게 나가는 거죠.

면담자   혹시 또 추가로 하고 싶은 얘기, 남기고 싶은 얘기가 있으세요?

여원석   없네요.

면담자   네, 알겠습니다. 동거차도 주민으로서 생생한 얘기를 전해주셔서 감사합니다.

여원석   네, 수고하셨습니다.

4·16구술증언록 동거차도 주민 제1권

그날을 말하다 동거차도 주민 I

ⓒ 4·16기억저장소, 2020

기획 편집 4·16기억저장소 ǀ **지원 협조** (사)4·16세월호참사가족협의회
펴낸이 김종수 ǀ **펴낸곳** 한울엠플러스(주)
초판 1쇄 인쇄 2020년 4월 1일 ǀ **초판 1쇄 발행** 2020년 4월 16일
주소 10881 경기도 파주시 광인사길 153 한울시소빌딩 3층
전화 031-955-0655 ǀ **팩스** 031-955-0656 ǀ **홈페이지** www.hanulmplus.kr
등록번호 제406-2015-000143호

Printed in Korea.
ISBN 978-89-460-6798-1 04300
        978-89-460-6801-8 (세트)
* 책값은 겉표지에 표시되어 있습니다.